绿原译文集

第 二 卷

房屋张开了眼睛

〔美〕金斯伯格 等／著　绿原／译

人民文学出版社

目　次

英语国家现代诗选

关于美国现代诗选 …………………………………………… 3

埃德温·阿林顿·鲁滨逊 …………………………………… 6
　　八行 ……………………………………………………… 6
埃德加·李·马斯特斯 …………………………………… 7
　　沉默 ……………………………………………………… 7
斯蒂芬·克兰 ……………………………………………… 11
　　在沙漠里 ………………………………………………… 11
罗伯特·弗罗斯特 ………………………………………… 12
　　雪暮驻马林边 …………………………………………… 12
卡尔·桑德伯格 …………………………………………… 14
　　印第安人，红人 ………………………………………… 14
维切尔·林赛 ……………………………………………… 16
　　欧几里得 ………………………………………………… 16
埃兹拉·庞德 ……………………………………………… 17
　　花园 ……………………………………………………… 17
　　合同 ……………………………………………………… 18
鲁滨逊·杰弗斯 …………………………………………… 19

1

　　　　受伤的鹰……………………………………………… 19
玛丽安·穆尔……………………………………………… 21
　　　　诗…………………………………………………… 21
兰斯顿·休斯……………………………………………… 24
　　　　乙班英语作文……………………………………… 24
肯尼思·雷克斯罗思……………………………………… 27
　　　　古老的坏日子……………………………………… 27
奥格登·纳什……………………………………………… 29
　　　　很像一条鲸鱼……………………………………… 29
兰德尔·贾雷尔…………………………………………… 32
　　　　作者致读者………………………………………… 32
理查·维尔布尔…………………………………………… 33
　　　　耻辱………………………………………………… 33
路易斯·辛普森…………………………………………… 35
　　　　巧克力……………………………………………… 35
詹姆士·麦利尔…………………………………………… 37
　　　　天使………………………………………………… 37
艾伦·金斯伯格…………………………………………… 39
　　　　加利福尼亚的超级市场…………………………… 39
　　　　结局………………………………………………… 41
托姆·冈恩………………………………………………… 43
　　　　早餐………………………………………………… 43
戴夫·史密斯……………………………………………… 45
　　　　在梅树湾的牡蛎船中间…………………………… 45
　　　　下雨时分写的诗…………………………………… 46
　　　　离婚………………………………………………… 47
　　　　关于一个夏天的非田园曲的回忆………………… 49
　　　　春天的诗…………………………………………… 50

  反舌鸟 …………………………………………………… 51
  圆形车库的声音 ………………………………………… 51
  码头附近 ………………………………………………… 55
  雨林 ……………………………………………………… 57
  白色的手枪皮套 ………………………………………… 58
  坎伯兰车站 ……………………………………………… 62

附录:新的梦想 ……………………………………………… 66

蒂莫西·斯蒂尔 ……………………………………………… 68
  留给后代的快照 ………………………………………… 68
  陈旧的书简 ……………………………………………… 69
  小生命 …………………………………………………… 71
  巧舌鸟 …………………………………………………… 71
  息怒的莎孚体 …………………………………………… 72
  瓦特堡,1521/1522 ……………………………………… 74
  夜曲 ……………………………………………………… 75
  哲学颂 …………………………………………………… 76
  和谐小章 ………………………………………………… 77
  期待暴风雨 ……………………………………………… 78

关于美国黑人青年女诗人小辑 …………………………… 79

罗塔·西尔弗斯特里尼 …………………………………… 80
  血披风 …………………………………………………… 80

维多利亚·亨特 …………………………………………… 83
  对比的研究 ……………………………………………… 83
  每个月的天赐 …………………………………………… 84

索菲娅·亨德森 ………………………………… 87
　　沃伦老太太及其他鬼神 ………………………… 87
陶乐珊·里夫赛 ………………………………… 94
　　绿雨 …………………………………………… 94
管多琳·马克埃温 ……………………………… 96
　　发现 …………………………………………… 96
玛格奈特·艾特伍德 …………………………… 98
　　晚餐后的游戏 ………………………………… 98
帕特·罗特尔 …………………………………… 100
　　初冬 …………………………………………… 100
玛格奈特·阿维森 ……………………………… 102
　　在失业的季节 ………………………………… 102
菲莉丝·韦伯 …………………………………… 104
　　致菲多尔 ……………………………………… 104

附录：加拿大现代女诗人小集译后记 ………… 107

安奈·帕尤劳玛 ………………………………… 108
　　你离开的时候 ………………………………… 108
　　冰焰死了 ……………………………………… 110
　　我的爱人像酒 ………………………………… 111
　　远距离的呼唤 ………………………………… 111
　　丝绸之路 ……………………………………… 112
　　我焦急地投入了意识 ………………………… 113
　　在断念的祭坛上 ……………………………… 114
　　苍天摸到了我的根 …………………………… 115
　　我抓住伸出来的手 …………………………… 115
　　你身上什么死了 ……………………………… 116

在情欲的沼泽里 ………………………………… 117
　　渴望，像一阵强烈的巫术 ……………………… 118

叶芝 ……………………………………………………… 120
　　两棵树 …………………………………………… 120
　　茵旎丝芙莉湖岛 ………………………………… 122
　　一个亡灵的梦 …………………………………… 122
　　他诉说完美的美 ………………………………… 123
　　摇篮曲 …………………………………………… 123

吉卜林 …………………………………………………… 125
　　懦汉 ……………………………………………… 125
　　最后的起锚歌 …………………………………… 125
　　礼拜后的退场曲——1897年6月22日 ………… 128

马克·弗鲁特金 ………………………………………… 131
　　迟疑 ……………………………………………… 131

王平 ……………………………………………………… 132
　　呼喊的灵魂之歌 ………………………………… 133

德语国家现代诗选

关于德语国家现代诗选 ………………………………… 147

克里斯蒂安·莫根斯特恩 ……………………………… 152
　　一个悲剧的速写 ………………………………… 152

奥古斯特·斯特拉姆 …………………………………… 154
　　邂逅 ……………………………………………… 154
　　忧郁 ……………………………………………… 155
　　战场 ……………………………………………… 155
　　冻火 ……………………………………………… 156

埃尔斯·拉斯克-许勒 ………………………………… 157

我的人民 ································· 157
　　　乡愁 ··································· 158
　　　世界之末日 ······························· 159
　　　黄昏来临 ································· 160
　　　祈祷 ··································· 160
特奥多尔·多伊布勒 ····························· 162
　　　孤寂 ··································· 162
　　　我的坟不是金字塔 ························· 163
斯特凡·茨威格 ································· 165
　　　奥古斯特·罗丹 ··························· 165
　　　崇高的一刹那 ····························· 170
路德维希·鲁宾纳 ······························· 179
　　　沉思 ··································· 179
　　　人 ····································· 180
保罗·策希 ··································· 183
　　　树林 ··································· 183
　　　房屋张开了眼睛 ··························· 184
威廉·克勒姆 ································· 185
　　　哲学 ··································· 185
　　　成熟 ··································· 186
威廉·勒曼 ··································· 188
　　　二月的月亮 ······························· 188
　　　伦敦（1964） ····························· 188
恩斯特·施塔德勒 ······························· 191
　　　夜过科隆莱茵桥 ··························· 191
　　　伦敦一家施粥厂门前的孩子们 ··············· 192
　　　形式即逸乐 ······························· 193
勒内·席克勒 ································· 194

花园里的孩子 ································ 194
　　月升 ······································ 195
奥斯卡·勒尔克 ································ 196
　　疗养院 ···································· 196
　　柏林的冬暮 ································ 197
阿尔贝特·埃伦施泰因 ·························· 198
　　在铁石心肠的大地上 ························ 198
　　绝望 ······································ 199
戈特弗里德·本恩 ······························ 200
　　女像柱 ···································· 200
　　地铁 ······································ 201
　　迷失的我 ·································· 202
格奥尔格·海姆 ································ 205
　　你的睫毛，长长的 ·························· 205
　　下午 ······································ 207
　　战争 ······································ 208
　　夜 ·· 210
格奥尔格·特拉克尔 ···························· 214
　　出自深渊 ·································· 214
　　给孩子埃利斯 ······························ 215
　　晴朗的春天 ································ 216
　　童年 ······································ 218
雅可布·范·霍迪斯 ···························· 220
　　世界末日 ·································· 220
　　早晨 ······································ 220
阿尔弗雷德·沃尔芬施泰因 ······················ 222
　　心 ·· 222
　　合唱 ······································ 223

阿尔弗雷德·利希滕施泰因 ·················· 224
　　朦胧 ·················· 224
　　早晨 ·················· 225
鲁道尔夫·莱昂哈德 ·················· 226
　　亡故的李卜克内西 ·················· 226
　　蒙古人的髑髅 ·················· 227
卡尔·奥滕 ·················· 229
　　心的登极 ·················· 229
　　工人！·················· 230
恩斯特·威廉·洛茨 ·················· 235
　　我点燃了煤气灯 ·················· 235
　　我们找到了光辉 ·················· 236
瓦尔特·哈森克勒弗尔 ·················· 237
　　诗 ·················· 237
　　悼一个女人的死 ·················· 238
弗朗茨·韦费尔 ·················· 240
　　泪水 ·················· 240
　　歌 ·················· 241
　　我做了一件好事 ·················· 242
　　微笑呼吸跨步 ·················· 245
伊凡·戈尔 ·················· 248
　　电 ·················· 248
　　巴拿马运河 ·················· 249
约翰内斯·贝歇尔 ·················· 253
　　新的句法 ·················· 253
　　绝望的岛屿 ·················· 254
　　灰烬在我心头燃烧 ·················· 255
　　忧郁 ·················· 255

艰难的道路 ················· 256
　　雷雨中间 ·················· 257
内利·萨克斯 ·················· 258
　　在蔚蓝色的远方 ·············· 258
　　梦游者 ··················· 259
库特·海尼克 ·················· 260
　　格西马尼 ·················· 260
　　人 ····················· 260
格特鲁德·科尔玛 ················ 262
　　……从黑暗中来 ············· 262
贝托尔特·布莱希特 ··············· 265
　　恶面具 ··················· 265
　　坐一辆舒适汽车旅行 ············ 265
　　浇灌花园 ·················· 266
马丽·路易丝·卡施尼茨 ············· 267
　　只是眼睛 ·················· 267
　　复活 ···················· 268
威廉·索博 ···················· 269
　　教堂司事在估计 ··············· 269
海威希·卡策尔 ·················· 270
　　天黑以前 ·················· 270
胡果·胡柏特 ··················· 271
　　徒然 ···················· 271
彼得·胡赫尔 ··················· 272
　　奥德修的坟 ················· 272
　　冬窗一瞥 ·················· 273
恩斯特·舍恩魏泽 ················· 275
　　一切不过是个映象 ·············· 275

格奥尔格·毛雷尔 ………………………………… 276
　　对话 ……………………………………………… 276
　　雷翁纳多 ………………………………………… 276
　　我们的 …………………………………………… 277
　　写给在一场车祸中幸免于难的R ……………… 278
沃尔夫冈·魏劳赫 ………………………………… 280
　　泪水的埃菲尔斯峰 ……………………………… 280
　　埃兹拉·庞德 …………………………………… 281
冈特·艾希 ………………………………………… 283
　　清单 ……………………………………………… 283
　　谦恭未免过晚 …………………………………… 284
马克斯·齐默林 …………………………………… 286
　　敲门 ……………………………………………… 286
阿弗里德·格斯魏因 ……………………………… 288
　　凳上的人 ………………………………………… 288
格特鲁德·富塞内格尔 …………………………… 290
　　文字，这小船 …………………………………… 290
托玛斯·泽斯勒 …………………………………… 292
　　无题 ……………………………………………… 292
克里斯廷娜·布斯塔 ……………………………… 294
　　降临节的雪 ……………………………………… 294
　　墓志铭 …………………………………………… 294
　　全部真理 ………………………………………… 294
汉斯·维尔纳·科恩 ……………………………… 296
　　睡眠 ……………………………………………… 296
　　落 ………………………………………………… 296
赖内·布拉姆巴赫 ………………………………… 297
　　树 ………………………………………………… 297

约翰内斯·博布罗夫斯基 ··· 299
特拉克尔 ··· 299
异化 ··· 300

约翰·伯克 ··· 301
无题 ··· 301

米夏埃尔·古滕布龙内 ··· 303
回家 ··· 303
绳子从上向下悬挂着 ··· 303

沃尔夫迪特里希·施努雷 ··· 305
诗节 ··· 305
碎片上的气息 ··· 305

多丽丝·米林格尔 ··· 307
无题 ··· 307

赫尔穆特·海森比特尔 ··· 309
那又怎么样 ··· 309
慰词 ··· 311

海因里希·埃格尔特 ··· 312
我的仇人 ··· 312
临别 ··· 313

埃里希·弗里德 ··· 314
措施 ··· 314
恐惧和怀疑 ··· 315
无言 ··· 315
短腿的谎言 ··· 316
分居 ··· 317

伊尔莎·艾兴格 ··· 318
所属 ··· 318

汉斯·卡尔·阿特曼 ··· 319

永远是鸟 ··· 319
阿洛伊斯·福格尔 ·· 321
 昨日的朋友 ··· 321
瓦尔特·诺沃特尼 ·· 322
 梦狗 ·· 322
伊尔莎·蒂尔施 – 费尔茨曼 ·· 324
 沉默的伙伴 ··· 324
海因茨·皮昂特克 ·· 326
 铁匠的女儿 ··· 326
阿洛伊斯·海尔葛特 ··· 328
 无题 ·· 328
欧根·戈姆林格 ··· 330
 字 ··· 330
恩斯特·扬德儿 ··· 332
 口袋 ·· 332
英格博格·巴赫曼 ·· 333
 致太阳 ··· 333
 每天 ·· 334
 缓刑的时间 ··· 335
君特·格拉斯 ·· 337
 打开的衣柜 ··· 337
 拍卖 ·· 338
 在蛋里 ··· 339
 我的橡皮 ·· 341
库尔特·克林格尔 ·· 343
 死亡变奏曲 ··· 343
彼得·哈克斯 ·· 344
 我说话算数的 ·· 344

汉斯·马格努斯·恩岑斯贝格 · 345
　　在一个和平爱好者的坟头 · 345
　　中产阶级的布鲁斯 · 346
　　另一个人 · 347
　　影子的王国 · 348

冈特·库纳特 · 351
　　一条旧街的旧照片 · 351
　　应该是这样 · 351

耶尔格·施泰纳 · 353
　　雨中 · 353
　　广岛 · 353
　　履历表 · 354

格哈德·吕姆 · 355
　　二三事 · 355

安德烈亚斯·奥柯本柯 · 357
　　花园 · 357

托玛斯·伯恩哈德 · 359
　　没有树 · 359

马加丽特·赫策尔 · 360
　　为一只狐狸写的安魂曲 · 360

爱德华·卡尔·海因里希 · 362
　　处方 · 362

恩斯特·大卫 · 363
　　阶段 · 363

康拉德·拜尔 · 364
　　给尤蒂特 · 364

赖内·孔策 · 366
　　夜曲（一） · 366

夜曲（二） …………………………………… 366
埃尔弗里德·哈斯莱内尔 …………………… 368
　　无题 ………………………………………… 368
克里斯托夫·梅克尔 ………………………… 370
　　孔雀 ………………………………………… 370
　　工余 ………………………………………… 371
卡尔·米克尔 ………………………………… 372
　　德国妇女，1946 …………………………… 372
赫伯特·库纳尔 ……………………………… 373
　　自酿 ………………………………………… 373
　　泼掉的牛奶 ………………………………… 374
　　维也纳颂 …………………………………… 375
　　告别 ………………………………………… 376
　　着迷的人生 ………………………………… 378
　　风景 ………………………………………… 379
海因茨·切肖夫斯基 ………………………… 381
　　一个星期天下午的观察 …………………… 381
　　她的皮肤冷得像雪 ………………………… 382
尼古拉斯·博尔恩 …………………………… 384
　　三愿 ………………………………………… 384
　　自然诗 ……………………………………… 384
库尔特·巴尔奇 ……………………………… 388
　　布莱希特之死 ……………………………… 388
　　人道主义者 ………………………………… 388
基托·洛伦茨 ………………………………… 390
　　单字 ………………………………………… 390
胡伯特·法比安·库尔特瑞 ………………… 393
　　无题 ………………………………………… 393

尤塔·许丁 ·· 395
  夜间外面有几所屋子 ·········· 395
福尔克尔·布劳恩 ································· 397
  荒原 ······················· 397
埃达·施泰因文德尔 ······························· 399
  玩偶 ······················· 399
彼得·保尔·维普林格 ····························· 401
  犹太人的墓地 ·············· 401
贡特拉姆·费斯佩尔 ······························· 403
  什么都不怕 ··················· 403
  熟悉的新闻 ··················· 404
彼得·汉德克 ·· 405
  颠倒的世界 ··················· 405
  摘自《闲荡的结局》········ 408
约翰·埃彭贝克 ···································· 410
  昏暗中的谴责 ·············· 410
  猛兽 ······················· 410
赫尔穆特·施特拉达尔 ···························· 412
  你我之间的私房话 ········ 412
阿克塞尔·舒尔策 ································· 413
  哥伦布的一瞬间 ············ 413
彼得·汉尼施 ······································· 414
  无题 ······················· 414
于尔根·特奥巴尔蒂 ······························ 416
  厨房里的诗 ················· 416
恩斯特·诺瓦克 ···································· 418
  茫然 ······················· 418
赖因哈德·普里斯尼茨 ···························· 419

风景 ……………………………………………………… 419
汉斯·吉加赫尔 …………………………………………… 421
　　无题 ……………………………………………………… 421
伊尔莎·布莱姆 …………………………………………… 422
　　玫瑰 ……………………………………………………… 422
恩斯特·凯恩 ……………………………………………… 423
　　无题 ……………………………………………………… 423
安德烈亚斯·卡尔帕蒂 …………………………………… 425
　　麝牛 ……………………………………………………… 425
斯特凡·门中 ……………………………………………… 426
　　没有明显的变化 ………………………………………… 426
恩斯特·汉内斯 …………………………………………… 428
　　1982年的贝鲁特 ………………………………………… 428
古杜拉·齐默尔 …………………………………………… 431
　　难画的肖像 ……………………………………………… 431
霍斯特·凯米希 …………………………………………… 433
　　她的眼睛的另一种语言 ………………………………… 433
　　创作 ……………………………………………………… 434
　　黑暗的海湾 ……………………………………………… 434
　　夜间的水井 ……………………………………………… 435
　　你的寂静 ………………………………………………… 436
　　敏斯特的十二月 ………………………………………… 437
　　闪烁壁炉旁的小夜曲 …………………………………… 438
　　立像 ……………………………………………………… 439
　　亲自 ……………………………………………………… 439
　　在回忆的闪电里 ………………………………………… 440
　　被记起的问候，七月的脸 ……………………………… 440
　　呼吸 ……………………………………………………… 441

夜里	441
桦树	442
狯狲	444
利刃的拜会	447
一瞥	448
旗帜	449
玫瑰	450
从一片无人之境	450
库尔特·施维特斯	452
致安娜·布卢姆	452

英语国家现代诗选

关于美国现代诗选[*]

美国的现代诗,不论在英语国家中,还是在整个西方世界,都是颇有成就的。在本世纪内,美国不但出了一些颇有代表性的诗人,而且他们有不少人同时还是颇有影响的批评家。他们写着又讲着,讲着又写着,给一大堆错综复杂的想象、印象、形象、意象等等涂抹了一层层理论的色彩。这样,就真只有"理解"了它们,才能"更深刻地感觉"它们了。

十九世纪以来,西方文学逐渐形成统一的文学。西方各国的现代诗基本上大同小异。西方的文学创作和文学批评本来是同西方形形色色的哲学潮流密切相关的。不管怎样估计"文学的独立自主性",必须承认整个西方现代文学的面貌正是资本主义经济基础在人们意识中的反映;只是这种反映再不能作简单化的单线型的理解,更不能当作褒贬作家人格和作品质量的依据。在这个意义上,现代西方文学创作(包括诗歌在内)对于我们首先具有认识价值,因此在写作方法上也不会没有借鉴的价值。

西方的现代诗是在十九世纪末从法国的象征主义文学运动发源的。但是,到二十世纪,却是美国诗人T.S.艾略特、庞德等人产生了"弥漫性"的影响。论空灵,论飘逸,美国诗人一般不及法国的瓦莱里;论细致,论深沉,也比不上奥地利的里尔克。但是,美国的现代诗不孤

---

[*] 本文及后面若干首诗刊于《外国文学季刊》1982年第1期。

僻,不呆板,不停滞;它人情味足,生活气息浓,重视"美感的传递";它在探索,在开拓,在发展。

美国人讲究新,诗人更不例外。美国诗的新,首先新在内容上;内容新才促成形式新。所谓新就是与众不同,美国诗人不同于其他西方诗人,首先在于选材广泛,广泛到可以使任何事物入诗。(借用路易斯·辛普森关于美国诗的说法:"不管它是什么,它都有一个能够消化橡胶、煤炭、铀、月亮的诗的胃。")同时,他们更注重读者所理解的现实,因此多取材于美国社会,很少取材于外国和古代。他们讲究客观性,至少主观上为客观事物而描写客观事物,倒不见得一味宣扬"自我表现",因此爱情、死亡之类主题在他们笔下往往表现得自然而不伤感。他们年轻,喧闹,外向而不内向,满不在乎地面对人生,敢于冒犯一切方面的权威。正因为这样,他们在形式上要求突破,忽视韵律和行数的规定,破坏传统形式的准则,驱逐陈词滥调,大胆采用口语和俚语,有些人(如艾·肯明斯)甚至在标点和字体上标新立异。对于他们的这些特征,我们尽可以保留自己的看法,但任何看法均应以比较全面的了解为前提,否则道听途说,张冠李戴,动辄目之为"颓废""堕落",是不科学,也不公正的。

不妨让他们自己来说几句。英美意象派代表人物艾米·洛厄尔在一篇《宣言》里提出过六条准则。这六条未必足以概括整个美国现代诗,但从中却可见它的一般倾向,而且如果解放一下思想,也未尝不值得我国的青年诗人们参考。

"一,要用普通话作语言,但总要用确切的词,不用仅起装饰作用的词。

"二,要创造新的韵律,用以表现新的情绪。我们并不坚持'自由诗'是唯一的写诗方式……我们却坚信,诗人的个性在自由诗中常常比在传统形式中得到更好的表现。

"三,要允许在选择主题上有绝对的自由。

"四,要呈现一个意象(所以有'意象派'这个称号)。我们不是一个画派,但我们相信,诗应当恰切地表现个别事物,而不应当从事模糊的一般事物,不论它们如何华丽或响亮。

"五,要写清清楚楚的诗,决不朦胧或晦涩。

"六,最后,我们大多数人相信,凝练才是诗的本质。"

要了解诗,最简便也最可靠的办法就是自己去读诗。对于西方现代诗,包括美国的现代诗,尤其如此。我们过去读过许多惠特曼的作品,但惠特曼只是美国现代诗的"父亲";我们读过一些桑德伯格的作品,但桑德伯格只是美国现代诗的一个"兄弟";我们还读过几首埃米莉·狄金森的妙品,但这位女诗人在生活上和创作上都是个"女婆罗门",更在血缘上远离拖泥带水的美国现代诗。对于美国现代诗的主体、脉络和走向,从鲁滨逊、弗罗斯特到"垮掉的"金斯伯格、"黑山派"奥尔森,我们都还不够熟悉。语言、生活方式、文化传统不相同,造成了翻译、研究、评论方面的困难;因此,原来的好诗未必能够译,译过来也未必得好,能译过来并被人叫好的又往往未必是原来的好诗。这都是可想而知的,但有些名篇(如艾略特的《荒原》《情歌》),并非没有较好的译文,却不知何以迄未引起诗歌界的注意。这里可能存在着顾虑,顾虑"不良效果"或"不良影响";其实,是大可不必的,鲁迅早说过,吃了牛肉并不会变牛。外国不少诗人(如庞德)对中国诗很有研究,他们一点也没有因此中国化;我国的诗人(作为一个劳动者)鉴赏一下外国同行们的劳作,又怎会忽然洋化了呢?倒是西方新起的所谓"新批评""接受美学"究竟讲些什么,我们不访注意研究一下。

下面几首诗,只是译者平日读到,觉得可能引起我国读者的同感,才顺手译出的。至于较系统的介绍,还有待于有心并胜任的同志们的努力。

译　者

埃德温·阿林顿·鲁滨逊*

八　行

抓住事物的永恒之力，
无畏地用它唱出强劲之歌，
我想，这就是世人称之为诗人的
那种人的使命。他可能唱得
粗犷些，甚至令人不愉快；
但只要他拨响了藏着上帝之乐的
那个和弦，并唤醒了
一个沉睡的志向，他就唱得不错。

---

* 埃德温·阿林顿·鲁滨逊（Edwin Arlington Robinson，1869—1935），美国现代诗开路人之一，著有《克雷格船长》《艾萨克与阿奇博尔德》《死两次的人》等。

埃德加·李·马斯特斯[*]

沉　默

我知道星星和海的沉默，
城市停顿下来时的沉默，
一个男人和一个少女的沉默，
只有音乐才能表达的沉默，
树林在春风开始前的沉默，
病人抬眼四顾病房时的沉默。

我请问：对于心灵深处
语言又有什么用？
野兽看见死亡夺走了它的幼儿，
它还会呻唤好几次：
我们却在现实面前无声——
我们不能讲话。

一个好奇的孩子问一个
坐在杂货店门前的老兵，

---

[*] 埃德加·李·马斯特斯（Edgai Lee Masters,1869—1950），诗人，传记作家。著有《斯蓬河诗文选》《惠特曼传》《马克·吐温传》等。

"你怎么折了你的腿?"
老兵突然沉默下来,
或者心神不定,
因为他不能集中回想葛底斯堡。
他接着清醒过来,
滑稽地说:"是一只熊咬掉的。"
孩子不知道,老兵是怎样
暗哑地、微弱地活过了
枪的闪光和炮的雷鸣,
被杀者的尖叫,
他本人躺在地上,
医院里的外科大夫,手术刀,
病床上的漫长时日。
但如果他能描绘这一切
他就会是个艺术家。
但如果他是个艺术家,就会有
他所不能描绘的
更深刻的创痛。

有巨大仇恨的沉默,
巨大爱情的沉默,
平静心情的沉默,
不幸的友谊的沉默。
有一种精神危机的沉默,
你的灵魂经受了剧烈的折磨
从那次危机中走出来,带着
不可言说的幻象,走进了
一个更高生命的境界。

还有彼此无言而又相互理解的
　诸神的沉默。
有失败的沉默。
有受到不公正惩罚的人们的沉默；
临死者突然抓住你的手时的沉默。
有父子之间的沉默，
当时父亲不能解释他的生活，
即使他因此而被误会。

有发生在夫妻之间的沉默。
有破产者们的沉默；
以及笼罩在被灭亡的国家
和被征服的领袖头上的沉默。
有林肯想起
他少年贫穷的沉默。
有拿破仑在
滑铁卢战役之后的沉默。
还有冉·达克的沉默，
她在火焰中说"神圣的耶稣"——
用这两个词宣示了一切忧伤，一切希
　望。
还有时代的沉默，
其中有太多的智慧，是舌头
无法用那些不曾经历
广阔人生的人们所懂得的
话语来说的。

还有死人的沉默。

如果我们活着的人们都
不能说出深刻的经验，
为什么你会惊讶死者
没有给你谈起死亡呢？
我们走近了他们，
就一定懂得他们的沉默。

斯蒂芬·克兰[*]

在沙漠里

在沙漠里
我看见一个生物赤着身
野兽般蹲在地上，
手里捧着自己的心
一口一口地啃。
我说："好吃吗，朋友？"
"它苦，是苦的，"他回答，
"但我欢喜它，
因为它苦，
因为它是我的心。"

---

[*] 斯蒂芬·克兰（Stephen Crane，1871—1900），诗人，小说家，现代美国现实主义文学引进者，诗集有《黑色骑士》《战争是仁慈的》等。

罗伯特·弗罗斯特[*]

雪暮驻马林边

这是谁的林子我想我知道。
不过他的房屋远在村那截；
他不会看见我停在这儿
望着他的林子灌满了雪。

我的小马一定觉得很奇怪
附近没有人家怎么就停歇，
停在林子和冰冻湖面之间
而且是一年最黑暗的一夜。

它摇了摇挽具上的铃
想问我是不是出了错。
另外唯一音响是轻风
和茸毛雪片席卷而过。

林子真可爱，黑暗而深邃。

---

[*] 罗伯特·弗罗斯特（Robert Frost，1874—1963），美国现代诗歌代表之一，一九二四、一九三一、一九三七、一九四三年共四次获普利策文学奖。

但我有约在先不可悔,
还得走好几里才能睡,
还得走好几里才能睡。

卡尔·桑德伯格[*]

印第安人,红人

印第安人,红人,给我们烟草,
交朋友的烟袋用的烟草,
还有"巴塔托",土豆,马铃薯。
向日葵来自穿披肩的秘鲁人。
早年意大利人教我们种栗子,
胡桃和桃子是波斯人的纪念品,
西伯利亚人为我们发现裸麦的用途,
印度人带来了黄瓜,
埃及人给我们葱,豌豆,
阿拉伯人用一件礼物给我们忠告:
"有人欢喜它,有人说它不过是菠菜。"
对中国人我们给过
煤油,子弹,圣经,
而他们给我们小萝卜,大豆,丝绸,
诗,画,谚语,瓷器,芙蓉蛋,
火药,七月四日的鞭炮,焰火,

---

[*] 卡尔·桑德伯格(Carl Sangdburg,1878—1967),诗人,传记作家,新闻工作者,美国现代诗歌代表之一。六卷本《林肯传》获普利策文学奖。

和第一条太平洋铁路的劳工队。
  而今我们可能感谢这些人
  或者保留我们的谢意
  说他们非我族类
  并暗示这样的要求：
"你们怎么不赶快滚出地球去？"
还自以为高人一等
对自己说这对我们算不了什么
仿佛憎恨没有什么代价
仿佛憎恨生长过值得生长的东西。
是的，我们可以说，这些渣滓不值一顾
或者我们可以又敬又爱地把它们
当作宽敞行星上的爬虫同类
说："是的，你们也是、你们也是人。"

维切尔·林赛[*]

欧几里得

老欧几里得好久以前
在沙滩上画了一个圆。
他用这样那样的角形
把这个圆装得满满。
他那部庄严的灰须
一点再点,大谈其
弧形、圆周、
半径等等之类。
一个沉默的孩子在旁边
从早上一直站到中午,
因为它们为月亮
画出了那么迷人的圆图。

---

[*] 维切尔·林赛(Vachel Lindsay,1879—1931),朗诵诗人,著有《威廉·布思将军进天堂》《中国夜莺》等。

埃兹拉·庞德*

花　园

En robe de parade
——Samain①

像一束散丝吹向一堵墙
她扶着栏杆漫步肯辛顿花园的小径，
她正一点一点地死
于一种情感上的贫血症。

而四周是一大群
又脏又壮的杀不尽的穷小子。
大地肯定会由他们来继承。

她再也不能生育了。

---

* 埃兹拉·庞德(Ezra Pound, 1885—1972)，诗人，批评家，翻译家。曾在英国领导先锋派文学运动，对美国现代诗极有影响。名著有《诗篇》等，译过中国诗、日本"能"剧等。第二次大战期间曾为意大利法西斯宣传服务，一九四六年被送回美国受审，一九五八年获释后仍去意大利。

① 阿尔倍·维克多·萨芒(1858—1900)，法国诗人，《法国水星》创办人之一。引诗意为"穿着盛装"。

她的烦腻精致而又过剩。
她真想有个人跟她讲话，
而且几乎认为我
真会那样鲁莽。

合　同①

我跟你订个合同吧，瓦特·惠特
　曼——
我已经憎恶你很久了。
我来找你时，已经是个大孩子
有个愚蠢的父亲；
我大到能够交朋友了。
是你砍下了新木材，
而今是雕刻的时候。
我们有同样的树液，同样的根——
让我们来打交道吧。

---

① 选自《邻笛集》（人民文学出版社 1987 年版）。

鲁滨逊·杰弗斯[*]

受伤的鹰

一

折损的翅骨从凝血的肩头戳出来,
翅膀耷拉着像一面打败仗的旗,
永远不再利用天空了,只是又饿
又痛地挨日子:不必是狼,猫就可以
缩短这垂死的一周,这是没有了
　利爪的野味啊。
他站在橡树丛林下,期待着
拯救者的跛足;夜间他记起了自由,
并在梦中飞翔,天亮又把这自由毁掉。
他是强者,对强者痛苦更糟,无能为力
　更糟。
白天的恶狗来了,在远处
折磨着他,除了死亡这个拯救者,没有
　谁能压低那个头颅,
那勇猛的戒备状态,那可怖的眼睛。

---

[*] 鲁滨逊·杰弗斯(Robinson Jeffers,1887—1962),美国诗人,剧作家。著有《把你的心给鹰吧》《你给我这样的劝告》《对太阳发怒》等多种。

世上凶暴的上帝有时对乞求慈悲的
人们是慈悲的，但对傲慢者常不然。
你们不会认识他，你们群居的人们，或
　　者你们忘记了他；
狂放而野蛮的鹰会记得他；
美丽而粗犷的鹰群，和将死的人们，会
　　记得他。

二

要是不受罚，我宁愿杀人，也不愿杀鹰；
　　但雄伟的红尾鸟
什么也没留下，除了无能为力的悲惨，
那碎得无法修补的骨头，那一走动就垂到爪
　　子下面的翅膀啊。
我们喂了他六个星期，我给了他自由，
他在前面山头徘徊一阵，天黑又回来，
　　要求死亡，
但不像一个乞丐，仍以旧有的
不可改变的傲慢望人。我在暮色中给了
　　他铅毒。倒下了就松弛了，
那枭鸟茸毛似的、柔软的女性的羽毛；
　　但当年
飞翔起来：却是猛烈的冲击：涨水河岸
　　的夜鹭惊呼它的升起
在它还没有完全从现实中出鞘之前。

玛丽安·穆尔[*]

诗

我也讨厌它:有许多东西比这骗局
　更重要。
　　不过,读着读着,尽管十分轻蔑它,
　　　你到底会在里面发现真实的一
　　　　席之地。
　　　会抓的手,会张大的
　　　　眼睛,必要时会立起来的
　　　　　头发,这些东西都重要,不是

因为可以对它们作出高调的解释,
　而是因为它们
　　有用。当它们辗转派生以致变得
　　　不可解时,
　　我们都可以这样说,我们并
　　　不欣赏我们

---

[*] 玛丽安·穆尔(Marianne Moore,1887—1972),女诗人,一九五一年获普利策文学奖,并译过《拉封丹寓言》。

　　　　　所不懂的东西：蝙蝠
　　　　　　倒挂起来或者在寻找什么东西

吃，大象推挤着，一头野马在打滚，
　一条不倦的狼在
　树下，麻木不仁的批评家抽搐着他
　的皮肤，像一匹感到虱子的
　　　马，棒球迷，统计员——
　　　也不应当
　　　　歧视"商业文件和教科书"；①

所有这些现象都重要。
不过我们也必须
有所区别：如果被半诗人加以突出，
　其结果就不是诗，
只有等到我们中间的诗人们能够是
"想象的直解者"②——
　　　超出了
　　　　傲慢和浅薄，能够

为了检查而提供"里面有真蟾蜍
　的想象的花园"，我们才会有
　诗。同时，如果你一方面要求
　十分原始的
　　诗原料，另方面要求

---

① 托尔斯泰日记中的用语："我将永远不懂诗与散文的界线。……诗是散文，散文不是韵文。或者说，诗是除商业文件和教科书之外的一切。"
② 夏芝论威廉·布莱克的用语。

名副其实的
　　东西,你才会对诗感兴味。

兰斯顿·休斯*

乙班英语作文

老师说，
今晚回家去
写一页作文。
要自己动手——
那才是真的。

我不知道，是不是那样简单？
我二十二岁了，黑皮肤，生在温斯顿－
　沙兰。
我在那儿上学，后来到达拉谟，后来到
　这儿
上哈拉姆上面山头的这所大学①。
我是班里唯一一个黑人学生。
下山的踏级通向哈拉姆，
穿过公园，然后横跨圣尼古拉，

---

* 兰斯顿·休斯（Langston Hughes,1902—1967），著名黑人作家，除诗外还写小说和剧本。著有《哈拉姆的莎士比亚》《单程票》等。
① 即哥伦比亚大学。

第八街,第七街,我来到Y弄,
哈拉姆的Y弄,搭上电梯
到了我的房间,坐下来,写这篇作文:

不容易知道,对于你或我,二十二岁的人
什么才是真的。但我想,我就是
我感到、看到和听到的一切,哈拉姆,
　我听见你:
听见你,听见我——我们俩——你,我,
　在谈论这篇作文。
(我还听见纽约。)我——是谁呀?

不错,我欢喜吃,睡,喝酒和恋爱。
我欢喜工作,阅读,学习和懂生活。
我欢喜圣诞节礼物是一支烟斗,
或者唱片——贝丝①,爵士乐或巴哈。
我想皮肤黑不会使我**不欢喜**
别的种族的别的人所欢喜的东西。
那么,我写的作文难道会变黑吗?

是我写的,它不会变白。
但它会是
你的一部分啊,老师。
你是白的——
但也是我的一部分啊,因为我是你的一
　部分。
那就是美国味。

---

① 贝丝·史密斯,黑人女歌唱家。

有时你也许不愿是我的一部分。
我也常常不愿是你的一部分。
但我们都是对方的一部分,这可是真的!
因为我从你学习,
我想你也从我学习——
虽然你年长一些——而且是白的——
而且多少更自由一些。

这就是我的乙班英语作文。

肯尼思·雷克斯罗思[*]

古老的坏日子

一九一八的夏天
我读过《屠场》和
《堂皇的调查》[①]。那年秋天
我父亲死了,我姑姑
带我到芝加哥去住。
我做的第一件事就是搭
有轨电车到牲口场去。
冬天的下午,
我又脏又臭,
走过污秽的雪地,走过
邋遢的街,怯生生地
盯着人们的脸,
那些白天里回家的人们。
败坏的、疲竭的脸,

---

[*] 肯尼思·雷克斯罗思(Kenneth Rexroth,生于 1950 年),诗人,批评家,翻译家。著有诗集《凤凰与乌龟》、诗剧《山外》、论文集《林中鸟》等;译有《日本诗百首》《兰舟:中国女诗人》等。

[①] 《屠场》(1906)是厄普顿·辛克莱的小说;《堂皇的调查》(1915)是 H. G. 威尔斯的小说。

挨饿的、被抢劫的头脑,像
慈善医院的老年病房和疯人病房
　里的脸。小孩子的
　掠夺成性的脸。
然后是当醒醒的暮色暗下来
在绿色的煤气灯,和
毕剥爆响的紫色弧光灯下面
下班回家的人们的脸,
有些仍跳动着
希望和勇气的最后的脉搏.
有些狡猾而辛酸,有些俏扮而
愚蠢,大多数却已
破碎而空虚,没有一点生气,
只有使人糊涂的疲乏,比
任何疲乏的牲口还不如。
一千次煎土豆和煎白菜的
晚餐的酸味渗到了街上。
我发晕,恶心,感到
从我的悲惨中升起了
一股可怕的愤怒,从
愤怒中升起了一个绝对的誓言。
今天,灾祸干净了
而且繁荣了,但它还
到处都是,你不必
搭有轨电车去找它,
它是一样的灾祸。
而悲惨,和愤怒,和
誓言也是一样的啊。

奥格登·纳什[*]

很像一条鲸鱼[①]

想必对于文学大有裨益的一件事
就是作家们更严格地采用明喻和暗喻。
各族作家不论是希腊人,罗马人,条
  顿人还是凯尔特人,
似乎都不能堂堂正正地说,钉是钉,
  铆是铆,而不得不
绕弯子把一样东西说成另一样东西。
这是什么意思呢,当我们被告知
亚述人像一只扑向羊圈的狼一样来了?[②]
首先,乔治·戈顿·拜伦有足够的经验
知道这也许不只是一个亚述人,而是许多
  亚述人。

---

[*] 奥格登·纳什(Ogden Nash,1902—1971),美国幽默诗人,著有《樱草路》《音乐动物园》《你我以外的每个人》等。

[①] 对谬论的讽刺性赞语,语出《哈姆莱特》第三幕第二场,波洛涅斯对哈姆莱特关于云彩的疯话的回答,后成为随声附和的成语。

[②] 语出拜伦的诗作《森内克里布之毁灭》的一节:"亚述人像扑向羊圈的狼一样来了,/他的步兵们的紫金色服装闪闪发光;/他们的矛头的光泽如海上的星星,/当蓝色波浪夜间翻滚在深沉的加利利。"森内克里布,公元前七〇五至前六八一,亚述国王。加利利,以色列湖名。

但是，太多争辩容易导致中风，而且
　　妨碍长寿，
我们因此为了简洁的缘故，且算它就是
　　一个亚述人。
好了，这个特定的亚述人，他的步兵
　　队伍穿着紫金色服装闪闪发光，
而诗人偏说他像一头扑向羊圈的狼一样
　　来了，这是什么意思呢？
诚然，在天地之间，有许多东西是我们
　　的哲学没有梦见过的，①
我却不能想象，它们中间会有
　　一头狼带领紫金色的步兵队伍
　　或者紫金色的什么东西。
不，不，拜伦爵士，在我相信这个
　　亚述人真像一头狼之前，我必须
　　有某种证据；
他可用四条腿跑过，他可有一条毛
　　茸茸的尾巴、一张大红嘴和一口
　　大白牙？他可"呜呜呜"地说过话？
坦白地说，我认为很不可能，而你
　　有权说的一切，充其量不过是，
亚述的步兵像许多亚述的步兵一样
　　来了，
　　来要摧毁希伯来的大军。②

---

① 语出《哈姆莱特》第一幕第五场。哈姆莱特对霍拉旭关于老国王鬼魂出现的惊叹语的回答。
② 公元前九三二年犹太古国分裂为以色列（北部）和犹太（南部）；公元前七二二年，以色列（即希伯来）为沙尔贡二世（森内克里布之前的亚述国王）所率领的亚述军队所灭。

但是,这样说,拜伦爵士觉得不过
　　瘾,啊,天哪,他不得不发明一
　　些辞藻并把它们插进去。
其结果,不论什么时候,你向人们
　　提到《旧约》里的士兵,他们就会说,
　　啊是的,他们就是被一群穿着紫金
　　色服装的狼吃掉了的那些人。
这就是古往今来一切诗人们,从荷马
　　到丁尼生,正在做着的事情;
他们总是把太太们比作百合花,
　　把小牛肉比作鹿肉,
而且总是说什么雪是冬天风暴后
　　的一条白毯。
啊,是这样,是这样,那好吧,你且
　　睡在六寸厚的雪毯下面,我睡在半
　　寸厚的非诗意毯料做的毯子下面,
　　咱们瞧瞧哪一条毯子保暖:
这样一比较,你也许会开始模糊懂得
　　我用这许多暗喻和明喻想说些什么。

兰德尔·贾雷尔[*]

作者致读者

我读到,路德说过(我常常
想起它,并把它押上了韵母):
即使世界明天就要结束,
我也要栽我的小苹果树。
读者啊,这就是我的小苹果树。

---

[*] 兰德尔·贾雷尔(Randall Jarrell,1914—1965),诗人、批评家、儿童文学家,著有诗集《华盛顿动物园的女人》、论著《诗与时代》等。

理查·维尔布尔[*]

耻 辱

这是一个拥挤的小国,除了被认
　　为无害
没有任何外交政策。语言的规范
从没研究过,因为全国有个习惯
爱把每句话拖长得让人不知所云。
凡是访问过京城斯库西的人
都说从舒尔底希来的铁路是
从只能说是一成不变的国土通过的。
睡眠是国产。城门上面的
模糊字迹读起来也许是这样:
"我担心你在这里找不到什么兴味。"
人口普查表把人口说成是
零,当然不可信,除非反映了
国民慌张地坚持不肯数数,还反
　　映了
他们羞怯地害怕把人的性别

---

[*] 理查·维尔布尔,一九二一年生,著有《新诗选》《梦的邻室》《蓝燕》等。中译选自《邻笛集》(人民文学出版社 1987 年版)。

用那么多话说得让人明白。
难以形容的建筑物一律灰色,没有
教堂,没有公共厕所,已使观察家们
得出一个炫耀卑劣的古怪印象,
至于国民(穿着邋遢的羊皮袄嘀
　嘀咕咕
过日子,听到人行道上的闲谈却
　会吓跑)
还必须说他们缺乏真正谦卑的平
　静心地。
生活的进程小心翼翼,即使在边
　防军和
海关人员僵硬的不苟言笑的漫不
　经心里,
只要可能,他们不仅放行整车皮
　的除臭剂,
还放行吉普赛人、三角裤布条、大
　麻制品和违禁色素。
不过他们的全盘疏忽是专门为了
　迎接
朝思暮想的侵略的,那时节快乐
　的人们
　(窃笑着,一丝不挂,醉到无耻的
　地步)
将以压倒优势的屈服来猛击敌人,
来腐蚀将军们,渗透参谋人员,
来篡夺王位,自称为太阳神
从而使整个帝国崩溃。

路易斯·辛普森[*]

巧克力

有一次几个人访问契诃夫。
他们谈到他的天才,
大师坐立不安。最后
他说:"你们可欢喜巧克力?"

他们诧异起来,都不做声。
他重复了这个问题,
于是一位太太鼓起勇气
害臊地喃喃道:"欢喜。"

"告诉我,"他说,倾身向前,
光从他的眼镜里闪出来,
"是哪一种呢?淡色的甜巧克力,
还是深色的苦味的一种?"

谈话变得广泛起来。

---

[*] 路易斯·辛普森(Louis Simpson),一九二三年生,一九六四年获普利策文学奖,著有《趣味的革命》。

他们谈到核桃中心,
谈到杏仁和巴西核桃。
他们失去了抑制
互相打断对方。
因为人们未必知道怎样
来想巴尔干的政治
或者男女们的恼人的问题,

但是关于椰子干的味道,
每个人却都有明确的见解。
最后有人谈到酒心巧克力,
每个人,甚至《万尼亚舅舅》的作者,
都瞠目不知所对。

他们起身告辞时,他站在门边
同他们一一握手。
　　　　　　　在回彼得堡的路上,
他们一致同意,这是一次几乎可说
非凡的谈话。

詹姆士·麦利尔*

天　使

在我书桌的上空,呼呼作响,大模大样
(虽然比蜂鸟大不了多少)
穿着精致的织袍,绕有梵·艾克的画
　　风,
盘旋着一位显见天使般的来客。
他把一根食指指向窗外,
指着冬天,冬天把房屋和
从敲打海洋的冷太阳逃回家的人们
的雾气抓进它的心里
抓进透明的空虚;
同时他用另一只手
指着钢琴,钢琴上面正打开着
萨拉班德舞曲第一号,
那一章我永远掌握不了,
而它却毫不费力地掌握了我。
他低下颚部,仿佛在说或者在唱:

---

* 詹姆士·麦利尔,一九二六年生,著有诗集《日日夜夜》,获一九六七年国家图书奖。中译选自《邻笛集》(人民文学出版社1987年版)。

"在上帝造的世界和
沙蒂的这部乐曲之间
每人通过面纱在窥视,但看到了全部
光芒四射而又坚决有力,
要求赞赏,要求屈服,
你怎能拿着笔记本呆坐在那儿?
你想你在干什么?"
不过他什么也没有说——真聪
　明:我可以指出
上帝的世界或沙蒂的世界的种种
　缺陷;既然如此,
他怎能有他对于沙蒂的兴味?
一半为了逗他,我回到了我的篇页,
里面句子已挤得一塌糊涂,互不连贯。
小小的天使摇摇头。
他圆圆的没有毛发的脸上没有笑容。
他甚至不需要写出来的这几行。

艾伦·金斯伯格*

加利福尼亚的超级市场

我今晚多么想念你啊,瓦尔特·惠特曼,因为我走在树下的人行道上,感到头痛,神经过敏地望着满月。
我饿得有气无力,还想采购意象,于是走进了霓虹灯照着的水果超级市场,梦想着你的一览表!
多好的桃子啊,多好的朦胧画面啊!全家出动赶夜市!通道上站满了丈夫!妻子们看中了鳄梨,孩子们看中了西红柿!——而你,加西亚·洛尔伽[①],你在西瓜旁边干什么?

我看见你,瓦尔特·惠特曼,无儿无女、孤苦伶仃的老苦工,拨弄着冰箱里的

---

* 艾伦·金斯伯格(Allen Ginsberg),一九二六年生,"垮掉的一代"的代言人,代表作有《嚎叫》。
① 加西亚·洛尔伽(1899—1936),西班牙诗人,一九二九年访问美国,著《诗人在纽约》。

肉,眼睛盯着副食店的伙计。
我听见你向每个人问道:谁砍的猪排?
香蕉什么价?你可愿意借我一点钱?
我跟着你在一垛垛耀眼的罐头中穿进穿出,在想象中又被商店的密探跟着。
我们一起跨步在开阔的走廊上,在寂寞的幻想中品尝着朝鲜蓟,占有着每样冰冻的美味,又从不经过出纳员身边。

我们上哪儿去呢,瓦尔特·惠特曼?一小时就要关门了。你的胡子今夜指向何方?
(我摸着你的书,梦着我们在超级市场的历险记,感到很荒诞。)
我们整夜就在冷落的街头走下去吗?树林增添了一层层阴影,家家户户有灯光,我们都很孤单。
我们溜达着,梦着爱情的失去了的阿美利加,经过车道上的蓝色汽车旁,回到我们沉默的村庄去吗?
哦,亲爱的父亲,灰胡子孤老头儿,教我学习勇敢的老师,当卡隆①不肯摆渡,而你来到冒烟的河岸,站着望见渡船消失在忘川的黑浪之上,你可有过什么样的阿美利加啊?

---

① 希腊神话中冥河渡亡灵的神。

结　局[1]

我是我,生过海洋的鱼眼睛老头,
　　我耳朵旁边的虫,盘绕一株树
　　的蛇,
我坐在橡树的头脑里,藏在玫瑰
　　里,我知道如有谁醒来,那只有
　　是我的死亡,
各种肉体来找我吧,各种预言来
　　找我吧,全部先兆都来吧,精灵
　　和幻象都来吧,
我接纳一切,我将死于癌症,我永
　　远躺进棺材,我闭上眼睛,我消
　　失了,
我在冬雪里扑向自身,我用一片
　　巨轮从雨中滚过,我看见骗子
　　手大笑,
看见汽车尖叫,泼妇们哼着低音
　　曲调,记忆在脑子里消失,人们
　　在模仿狗,
我欢喜女人的腹部,青年人伸展
　　他的胸脯和大腿吸引异性,⋯
⋯⋯⋯⋯⋯⋯
⋯⋯⋯⋯⋯野兽在暹罗跳舞,
　　它们在莫斯科唱歌剧,

---

[1]　中译选自《邻笛集》(人民文学出版社 1987 年版)。

我的孩子们黄昏在门廊向往，我
　　走进了纽约，我用一架芝加哥
　　的古弦琴弹奏我的爵士乐，
我把生过我的爱原封不动地带回
　　到我的起端，我漂浮在呕吐者
　　的头上，
他因我的不死而震颤，我因这种
　　无穷无尽而震颤，掷着骰子并
　　且埋葬，
来吧诗人闭上嘴让我认错道歉，
　　请在你的耳朵里尝尝我的嘴巴。

托姆·冈恩[*]

早　餐

两年来我一心盼着
早餐。夜
不是夜，它为对面
旅馆招牌软化了。

但我一定打过盹，因为
我突然会区分
面包和杯子，巍然出现在
窗台的姜黄色的清漆上面。

我不是说早餐
是一种药物——更不是
一种仪式——而是说面包片
和咖啡可以用作记分器。

不酸的辣味，又热

---

[*] 托姆·冈恩，一九二九年生，自由作家。中译选自《邻笛集》（人民文学出版社 1987年版）。

又黑,灌进了我的喉咙。又干又粗
的物质遇到我的牙齿的
磨碾:这些已经够了,

仿佛正是一种顽强性格
所有的性质。我
将从椅子上站起来
去寻找一个职业,或者试着
给我的前妻打电话。没有
未来我还得活下去
——没有爱,没有希望,但也
没有克制。

戴夫·史密斯[*]

在梅树湾的牡蛎船中间

我在外面变老了
在另一个国度的中心
那里没有破碎的船只
或用工具凿船的小蟹。
这些被初雪压弯了的松树，
这道倾斜而消散的光
（如同海水滑动着，喷溅
向你们的天空和糊泥的
胁腹）：我曾经从记忆中
释放了死者，但一回来，
莫名其妙，竟发现他们等候
在这里，海的喧闹的边缘。

跟他们讲话未免过分，但

---

[*] 史密斯（Dave Smith），一九四二年生于美国弗吉尼亚州朴次茅斯市，著有诗集多部，长篇小说《独一无二》、短篇小说集《南方的欢乐》、评论集《局部尝试》等。他属于青年诗人一代，评论界公认他是其中的佼佼者。这里介绍的十首诗译自作者诗集《圆形车库的声音》（1985）和《在法官的屋子里》（1983），均由哈珀与罗氏出版社出版。

我通过你们向他们鞠躬,彬彬有礼
却浑身污垢,胡子拉碴,想要喝酒,
想站在穿靴的、着方格衬衫并有
亲切的大手的人们中间,在梅树湾
跟粗糙的老喉咙一起喝威士忌。但是,
想要是不够的;你们只是呻吟或
摇晃,村庄在洁净的杜鹃花中间
睡走了它荒唐的时光。
我站在你们中间品尝寂静
当风轻轻舔着波浪。

下雨时分写的诗

你爬进我的双臂说
要我吧。我照办,
我要了你
用我的脸,我的手指,
无论你在哪儿
它都变成一个涟漪般的
笑。在这样的日子里
我比拼命
模仿别人的反舌鸟
还快活
因为雨把你
赶进了我的双臂
像一根折翅。
我举起了你
把你从这间房抱到那间房。

我说情人
告诉我该把
这件礼物咋办。
我甚至装作没听见
你说你的身体
在我的掌握中多么轻。
我只抓住那没卷上轴的
笑,它唱着
"要我吧",我照办
用我的鼻子,我的嘴,
我的一根可怕的手指
抠进了你的心
那儿呼吸进行着
像一阵狂风
而雨仍然是
一个我锁得住的房间。

离　婚

他们有一个要去看牙医,因为突然
患了脓肿,可他们接吻却是
最后的吻。他们嘴里有死鳟鱼味道。
爹地说:"妈咪,牙医可是个好玩的家伙
他欢喜在操作时咕噜死亡和谣言。
你为什么不今天下午去呢?"牙医
经常告诉妈咪和爹地,牙齿里的毛病
十分惊人。要不诊好,它会侵袭身体
像一群贪婪的虫蚁,他说。但是心

很聪明,听见蚁桨在沟渠里划水
便闩得紧紧的,他又说。当然,他说,
这对于生意可是件好事,他高兴
在这场精采的事业中能够打一仗。
妈咪说她不清楚生活是怎么搞的
但如果他能去掉恶臭的鳟鱼味,她会来。
爹地微笑着,把她送上了巴士。牙医
让她平躺在他那呱呱叫的椅子上,把她绑好,
开始给她喷麻药。但是毛病一时好不了,
妈咪告诉爹地,因此她还需要时间。
一天天过去她常坐在牙医的
目光下梦着她的手提电视机,她必须
为埃尔克斯一家的年饭准备菜单,她还
常唱些小曲儿提醒自己要付
保险费。每次疗程完了,
牙医就让她走,拿开并清洗
他的操作工具,叫护士一再叮嘱必须
经常彻底刷牙。什么也没给妈咪漏掉,
护士不断说着,看在上帝份上,想想你自己吧。
于是爹地下班回家,自己做饭,等待
妈咪摆脱她的虫蚁,开始诧异
生活是怎么搞的。一天,他鼓起勇气
问妈咪她的牙齿怎么了。妈咪把她的餐盘
敲碎在她的额头上,说这可是最后
一次我吃死鳟鱼。你去找你自己的牙医吧。

关于一个夏天的非田园曲的回忆

书上说一阵飓风有力量
横扫我们整个国家一年之久,想想
明尼苏达鸡笼里的灯光,响彻
纽约每个行政区的火警铃,抽吸
路易斯安那捕虾船中污水的码头水泵,
把一个声音从旧金山送到长崎的
脉冲波,长崎有一个女人醒了,把那张
已经被忘却的美国版报纸折了又折。

然而,即使在我国同胞的黑暗的发射井里
(他们熟练地管理着导弹操纵台,它像
一架钢琴,聚变时会发出惊人的未曾演奏过的
连贝多芬也没有听见过的音调),
也没有人梦想如何永远控制风暴。
这就是我所以想起了堤岸旁的两个人,
一个老妇人绝望地推下了她的花衣服的
镶边,牵着一个男孩的小手
来到这儿看波浪一个接一个地

翻腾着,冲过她们吹到一边的头发,
盐味那么刺人,她们的眼睛开始肿胀
直到她们后退到漂亮的干道上来,
甚至那儿也有突如其来的高潮隆隆响
在亮如新光的水带和水线之中。
噪音铭刻肺腑,震耳欲聋,大海

不断奏着管弦乐,仿佛它想求助于
我们的一切预备调①,钉上板的窗,雨把玻璃

打起泡的失灵的汽车,拥塞着海藻
如被弃尸体的人行道。
接着,突然间,镇定的眼睛停留在它们上面,
一片安静如无钥之锁,一只手
犹豫在开关旁边,等待着没有听过的音乐,
看哪——那妇人转过身来,紧牵着男孩
走过比她们更老的橡树林,今秋的叶子
眨着眼像灯光,颤抖的树枝像长矛,
两个人走进一座无依无靠的房屋蜷缩着祈祷
宁静的上帝,虽然她们称之为飓风。

春天的诗

> 人人应写一首春天的诗。
> ——路易斯·格律克

是的,但我们必须对真实性有把握
例如适当的热度和充足的形式。
诗人就追求这一切,这是我的理论。
于是这就是一篇春天的诗。一辆汽车
在草地上为它生锈的外壳加温;野草
在好战的天气疯长它的胁腹。四月

---

① 预备调,音乐术语。为了预备一个不协和的和弦,使用不协和音代替协和音,这个不协和音叫作预备调。此句是说,大海也希望我们(包括窗、汽车、人行道)都来参加它的不协和的管弦乐。

同。在《璎珞本业经》和《华严经》的关系方面，他认为："依大经本（指《华严》）所显义门相，即容融理事自在，所有教义，一即一切，一切即一，如帝网喻，无尽不同。"①《华严经》是讲"一即一切，一切即一"及"无尽缘起"教义的，这是其他经典所不具备的本质内容。所以，"《华严经》是一乘摄"，《璎珞本业经》是"二乘摄"，性质不同，不能把它们同等看待。在涉及为什么《璎珞本业经》"会数具十，《华严经》本但有七八（指晋译《华严》的七处八会）"的问题时，智俨专门论述了对"十"的看法：

> 十数之义，含有二门，一成圆教门，二不成圆教门……《璎珞》等十数，即是单别，不具一切圆故，入三乘摄。不具十义数，亦有二种，一目彼三乘，令人分解；二目彼一乘，就彼下机。相对以显一乘，分据相显发门故，用不满十数教，入一乘摄。②

在智俨看来，"十"虽然是"圆数"，但是它既可以用来论述圆教教义，也可以用来论述不是圆教的教义。《璎珞本业经》虽然讲"十会"，运用"十"来论述教义，但它讲的"十"不具备"一即一切，一切即一"的圆教性质，是三乘教义中所使用的"十"。同样，不用十数，也是既能论述圆教教义，又能论述不是圆教的教义。对于三乘教的经典，使用不足十的数字论述教义，是让人逐一理解；对于圆教的经典，使用不足十的数字论述教义，是为了照顾素质低下的人，便于他们理解。用十数或用不足于十的数，具有相互对照显示一乘（即圆教，均专指《华严》教义）的作用。智俨所述自然都是为维护《华严》的独尊地位，但他认为同一种教义内容可以根据条件具有不同的表述形式，同一种形式可以在不同条件下表述不同的内容，作为形式的圆数与作为内容的圆教既有区别又有统一，等等，都比李通玄把圆数（"十"）与圆教（华严义理）简单等同更有说服力。

---

① 《华严经内章门等杂孔目章》卷四，《大藏经》第45册，第587页下。
② 同上引书，《大正藏》第45册，第587页下—588页上。

李通玄的"十处十会"之说，在此后的佛教界有褒有贬，《宋高僧传》卷二十二评论："或曰：李《论》中加乎十会，经且缺焉。依梵字生解，可非迷名耶？何长者说法之有！通曰：十会理有，宜俟后到之经。"①《宋高僧传》作者认为"十会"之说有其合理因素。

天台宗除反对李通玄的"十处十会"说外，主要站在本宗立场上，反对他贬抑《法华》的判教学说。《佛祖统纪》卷二十九谓，李通玄"用新译《华严经》造释论四十卷，其立论以十处十会盛谈法界，与藏法师（指法藏）疏旨不同。又以教主、请主等十别对胜《法华》，而不知《法华》是开权显实之谈，不识《华严》是兼别说圆之典，故多为吾宗所斥"。②

这里的"教主"，指宣讲经典的佛，"请主"又称"请法主"，指请佛讲经的人。所谓"教主、请主等十别"，指李通玄在判教过程中对《法华》和《华严》所作的十个方面的比较。而关于《法华》的评价，正是李通玄判教与法藏判教的一个重要区别。

李通玄指出，他通过"参详""藏法师等前诸大德"的理论，认为"《法华经》引权器以归真；《华严》者，顿大根而直受。虽一乘名合，法事略同，论其轨范，多有差殊"。法藏推崇《法华经》，称其为"同教一乘"，地位仅次于被称为"别教一乘"的《华严经》。虽有"同教""别教"的区分，但他们同属"一乘"。李通玄在承认两经"一乘名同"的同时，重点找他们的"差殊"。他"略举十门，用知纲目"。"十门"也就是"十别"，其中，"教主别"列为十别之首。李通玄认为："此《法华经》即是化身佛说……如《华严经》则不然，教主则是毗卢遮那为教主者，即是法报理智真身。"③这就是说，《法华经》是方便之谈，《华严经》是真实之理。"请法主之别"列在十别第四位。李通玄认为："说《法华经》时，请法主者是舍利弗，以为劝请之首；说《华严经》时，佛令文殊、普贤随位菩萨各自说自位法门，为说法首……文殊、普贤，表因位可说，说

---

① 《宋高僧传》卷二十二，《大正藏》第50册，第854页上。
② 《佛祖统纪》卷二十九，《大正藏》第49册，第294页上。
③ 《新华严经论》卷一，《大正藏》第36册，第725页中。

佛果法，示悟众生。"① 舍利弗是小乘阿罗汉，只是听佛讲经；文殊、普贤是大乘菩萨，不是听佛讲经，而是自己讲佛法，孰优孰劣，自然很清楚。这些说法，都是为了贬抑《法华经》，指出它虽与《华严》同享"一乘"之名，但相差很远。

李通玄的判教是"十宗十教"，不同于华严宗法藏的"五教十宗"的名目。李通玄在"依教分宗"时说："已上分宗，皆是承前先德所立宗旨，设有小分，增减不同，为见解各别。大义名目，亦多相似。"② 通过评判佛教各派学说抬高本宗所尊奉的经典，进而抬高本宗的地位，对李通玄来说，的确没有必要。他的判教内容对其学说构成也没有重要影响。不过，相对于法藏的判教，他贬抑《法华》的倾向还是明显的。在"十教"判释中，《法华》列在《华严》、《涅槃》之后；在"十宗"判释中，《法华》列在《华严》、《涅槃》和《大集经》之后。然而，《法华》《涅槃》同属有宗系统经典，学说无实质性差异，孰先孰后，并不反映李通玄的佛学思想有什么变化。天台宗人对李通玄的批评，主要还是从维护本宗利益角度提出来的，并不涉及理论性质的义理之争。而在李通玄方面，宗派意识是很淡薄的，他贬抑《法华》的主要原因，不过是针对法藏"同教一乘"之说提出一点小分别而已。

三　取象表法与得意忘象

以《周易》（包括经和传）释《华严》，是李通玄注经的显著特点，其中既有牵强附会的内容，又有为改造华严经学提供的新依据，在更广阔的范围里实现佛学与中国传统思想的交融。

《华严》以"十方"指代所有空间，李通玄则以八卦比附，进而用华严宗的理论改造。他在释《华严·入法界品》中指出：

　　主方神随方回转者，震、巽、离、坤、兑、乾、坎、艮、上、下

---

① 《新华严经论》卷一，《大正藏》第36册，第725页下。
② 《新华严经论》卷一，《大正藏》第36册，第721页下。

二方为十方，皆有神随逐回转而行。……十方之法难量，一方之法具有十方，互体参差，卒申难明，但随世法及出世法，随事回转……以明法无定体，随事变通。①

"十方"是八卦所指代的八个方位加上下两方，这是用《周易》比附《华严》。"主方神"指《华严经》描述的居于某一方的具体的神，随方位不同而神不同，这里指难得行神。它随方位变换移动，使十方均有神跟随。用"一即十，十即一""重重无尽"的理论注解这幅形象画面，就得出了一方中具有十方，方位无尽，神也无尽的结论。这样，《华严》所描述的有可视形象的神及其他在各方的游动，就被认为蕴含着"法无定体，随事变通"的义理。这里的"法"指佛的"果法"，即佛的不可言说、不可名状的境界。这个境界也就是最终要认识的真理。因此，李通玄也是通过揭示《华严》形象描述的象征含义来改造华严经学，提出自己的理论，走着与地论师以来的华严学僧相同的思维路线。所不同的是，他更侧重用《周易》来沟通华严经学说与他要论证的学说之间的联系。他先用《周易》比附《华严》，再通过这种比附来发挥，提出自己的学说。仅从下面一例中即可看到他这种注经特点。

用八卦加上下两方配"十方"，贯穿于他对整部经的解释中。《入法界品》讲善财童子一路南行，寻访善知识。李通玄解释"南"行之意："明托方隅而表法，以南为正、为离、为明，以离中虚，以中虚故，离为明，为日，为九天，在身为头、为目、为心，心达虚无智。"②李通玄以离卦解"南"行，赋予南方以《周易》的含义，但这种比附只是手段，目的在于说明善财南行要获得"心达虚无智"，最终又使《周易》具有佛教的含义。他所引用的《周易》内容，最终要以与自己的华严学说相协调为原则。

李通玄把《华严》中所有形象描述都归结为"取像以表法"，把所有的叙事都归结为"托事以显像"。如他在解释一些形象时说："如鸠槃荼

---

① 《决疑论》卷三之上〈十行位〉，《大正藏》第36册，第1031页中—下。
② 《新华严经论》卷三十四，《大正藏》第36册，第954页中。

没有一点鸟用。你听见了吗?

你听见了你在油浸过的砂砾上给我讲的话吗,
当你摆正脚的姿势准备转向的时候?
它们硬得像煤块,它们插翅飞来
像绝望一样翻筋斗,连米老鼠也无法把它
从这间房子踢出去,那是比看守们或大叔们的
心中之心还要柔软的话语,是被太多的砖块
剥去皮并且弄麻木了的话语。
我已经受够了它们,便把它们带到这里来
这里一切的滴答声和吱嘎声寂灭了
在你小得可怜的星光下,而我跪了下来
大喊一句,**你他妈的是谁,小子?**

码头附近

夜间有一团火。
街那边我睡在别人中间
当灰尘如雪般落在小松树上。
我睡着一无所有,一个无知于
命运的辛酸故事的小孩,黑暗中
嬉戏的闪光,让我们显露出来
又依然如故的、看不见的闷火。
我为幸运念祈祷
可那想要住进两座房屋的人
现在回答了我,他既没扔掉
窗户胀满烦腻空气的
旧房子,也没扔掉做了一半的

新屋,那没有屋顶的绿色木架
他摆着没有完工像一片梦景。
整个夏天我都爬上去抽烟。

醒来,我发现他蹲在
两座房屋之间半路上的厕所里,
我每天早上都要去的。海的
故事挂在他的嘴上,他双手
把铁丝编成一个圈套,
细心打上活扣,去捉
一只凿船的蟹。离他不远
他太太开始晾她洗的衣裳
对那片晨光无动于衷,有一只狗
从救火车的车辙里舔食物。

我相信,火没有改变什么,只有
他的工具棚死气沉沉像一片破黑帆
给扔在那里堆着,风景画上的
一个新洞。这是一个没人来过的
老地方,倒霉,绝望,
像罪过一样永恒。在沉默中
我向那老人致敬。但现在我记得
还看见(仿佛是第一次)
海的撼人心灵的灰脸。
它隐隐呈现,美丽而富于人性
当远处有船只的形体穿过,
它们艰难航行着似乎就要沉没,
一面又在愠怒的阳光下面燃烧。

雨　林

苔藓的绿色掩护编结着影与光，
编结着每只小鸟的沉默和呼唤，我们
走着发现只有几个字
我们想说：水、根、光和爱，
像时间的名字。把自己搞得晕头转向
我们落在旅队的尾端（向导早走了），
磨蹭在非人类所能创造的
深处，几方英里的同心
宇宙错综复杂如指尖的螺纹。
最脆弱的细枝喘息并萎垂在
这精巧洞室的巨体里，而在我们
明白之前，我们是一个古怪的
老石匠的梦，他下午满头大汗
霸占着一长段放光的大理石柱。
我们走进了他眼睛后面的
内向巷道，等着变成我们自己。我们
通过清澈的眼睛凝视由蒸汽点亮的过去
那里呼吸无言地像附近一条河
缝合了黑暗，黑暗的内部、外部和周围。
在大块阴影后面的深处
我们站在这堵蔓藤墙壁旁，而他愤怒起来，
把我们冻僵在我们的脚印里，还冻僵了
信仰的叶片。那边那棵树有同样一道
从他所占有的天空滑下来的长光。现在
它的躯干变形了，耸立着又粗又黑像

一座纪念碑,一敲就响。这边的人行小道
像一道皱褶,中断了,又盘旋到残株断桩里去。
我们一伙走着那条路,悄悄地蹒跚着。
时不时有人喊出声来,但我们只知道
从叶墙上飒飒发出的话语:
水、根、光和爱。我们静静站在
被记住的最早的空气里,最后听见
木槌遥远而准确的敲击声
直到我们的衣服仿佛烂掉而脱落,
无精打采的光把我们固定在
我们脊椎的支柱上。没有预告,我们开始
跳舞,一只又一只鸟叫了起来。我们围着黑树走
我们的脚在硬泥土上似乎飞出火星,
而且无缘无故地,我们知道我们看见
自己向后仰着脑袋大笑,我们的牙床
和牙齿亮得像砍下的木头,我们的眼睛
大理石般紧盯着,想搞清楚是怎么回事,那
粗粝的欢笑声,那手掌的拍击声
面对它们我们可以不讲话,不唱歌甚至不停歇。

白色的手枪皮套

闪着肋状的红光,那些玻璃饰钉
抓住了我母亲清早在希望中升起的
灯光。她的双手,齐着腰,慈爱地
把我的一件礼物放在摇篮里,而在
她不成样子的黑服后面
小雪松的

暗绿色掩映在
灯泡灿烂的明灭中。
在暗处，在楼梯弯曲的
扶手处，我伫候着，想要
走进她在的房间里。我还是

一个孩子，虽然我已知道大厅窗户上
雪的意义，那不断的剥啄声
就像风从黑暗中鞭打出来
堆积起来的沙粒，直到
没有地点没有时间
除了这一片刻，
仿佛从玻璃中闪现一下
又深深埋进雪浴里。
今年小小的耶稣悬挂在
火柴盒上，树枝
披上乱七八糟的报纸
片，上面载着死者的名字。
我的赤脚滑行在冷木板上，
我在黑暗中摸着走下去，
因为我不愿赶快

在那立刻变得冰
凉的圣诞节气氛中找到她。
很久以前她唤过我而我却磨蹭
在床上想看看这呼吸着的
白色躯体是多么瘦，
想知道又不想知道

我们变得多么可怜——
战争在肆虐,一个父亲死了。
我在她的期待中一步步
长大了,但仍然
不过是个孩子,收不到礼物
除了话语

话语在记忆中像那个夜晚她
砍倒竖起来的稀疏矮树上的
灯光一样生气盎然,永远发绿。
现在我又把它们还回去,记着
得花很长时间
才能走进这慈爱的

房间,她正为我站在那儿,
脸呈深褐色,微微倾向
那白色的手枪皮套。手枪
突然银光闪闪像一长阵
旋雪出现在她身前,
现在我看见她捏着
我的礼物,皮套
又硬又白,红色的玻璃
珠,黑色的假毛皮
一簇一簇构成小马的形状。
她的手臂,微微擦伤,伸张开来

仿佛来自雪松脆弱、弯曲的背脊,
它的毛皮和她的衣服发出一种黑色的

闪光,就像我的双眼对着那个形象
一开一闭一样。话语
给那间房塞满了随时间
变脆了的针叶。它们一下子把我
扫进了她的手臂,那将欢乐的黑色
记忆同她的手在我头发上的
轻轻抚摸连在一起的话语,这可是
你从前要过的东西？他在最后一封
信中说过,你会要它的。

今晚,无雪的十二月,头顶上
星星闪烁着悄悄爆炸。
它们的碎片不断地落在
岩石的肩头和雪松的
裙边,直到没有一方寸
地面是不亮的。
在楼梯顶端,手平放
在墙上,关上电闸,
好让小树独自蹲着,
我记起长光
还郁积在地板上,
我得下楼去,去到
亲骨肉和黑服面前。
我愿整天开枪,
沉浸在孩子的欢乐里,
摇晃雪松像一枚炸弹。
高兴,我要对她射击,高兴,
直到最后她搂住我,从嘴里

迸出这样的话语
说好,好,好。

坎伯兰①车站

灰砖,尘土,扭弯的扶手,大得花
几小时才爬得上去的台阶,晒着细长条阳光
的打光橡木座椅,外加《匹茨堡邮报》一条
哄动新闻。离开坎伯兰走了的
那人回来了,哪儿也找不到
职业。我一个人来了,像前几年
乘坐大爷的出租车下山
一样狼狈。他可是
头一拨冷清清来到黑草地。

六排轨道隐约显现,分散开去,像水
波动在土堤上,那儿有特棒的车头在冒汽,一半
淹没在沸腾的人群里,他们要庆祝
什么,要吃许多东西。一位司机免费
带孩子们坐火车,一场玩乐
像一次地震。尘土沾结了他们的头发。
我是那些穿过煤烟的花朵
走下山来吓得要死尖叫着
冲进世界去的人们中间的一个。

现在许多家庭全体步行来串南坎伯兰

---

① 坎伯兰(Cumberland),美国从弗吉尼亚州西南部到阿拉巴马州西北部的一片丘陵
地带。

想找点事做,没有职业,没有钱上酒吧,
老故事皲裂得像钱包。

这次回来真没意思。是第二次
死亡。我车库里的大叔把他的青春
咳进了贫民窟。他的儿子,老三,栽进了局子,
再不需要喝得酩酊
大醉了。在这圆顶大厅里
我想起从铁锹、车皮和空口袋里
倒出来的所有垃圾。
我凝视着巨大的恶意的前灯
围着灰墙绕圈子,闪闪烁烁地
瞄着像鹿群在轨道上发愣的面孔。
孩子们陶醉了,亮得像萧条时期的苹果。

挤过这倒霉岔道的
内侧,我摸着地面想呕吐,我把
手指按着太阳穴,埋掉一个
在排障器上给切成丁的孩子,一个
由于洗去煤烟而发"碱"味的女人。
我站在无望的、可恨的房间里,这地方
不会离开我。我在一个人的肩头看见的
烟的披肩从我身上穿过
像伤心的波托马克河①。

祖父,你问我为什么不来看望您,

---

① 波托马克河流经西弗吉尼亚、弗吉尼亚和马里兰州。

既然您逃脱了售票员的笼子
去摆弄鱼钩,拾掇莎士比亚式的鱼线轴。
我们又能钓到什么呢?我一直坐在椅子上
把我们的情况想了好久,久到足以明白
人再不能在没有职业、没有朋友的坎伯兰
活下去。煤烟甚至占有了鱼。

我一再答应我会回来,我们会走掉,
你和我,像兄弟俩,我说真格的。
前会儿,一个看来像疯子老表的人
蹚过这浮动的地板,抓起了
《邮报》揣在怀里,
没有人介意,因为没有人关心
谁来了又走了,或者甚至谁偷了
没人要的东西:旧报纸,破玻璃
后面的熄火内燃机的照片
溜进了坎伯兰车站。

我就是那偷东西的人,我希望你就在这儿
把我痛揍一顿因为
你很久以前说过的话在打我耳光
不肯放手。我承认
这不是我的,即使也不是别人的。
怎么说,这就是我这趟钓到的一切——坏
消息。我不能钓到我侄儿的生活,我叔叔的,
大爷的,你的,或者那灰发小伙子的
他战后就在这儿倒头睡下了。

外面新家庭沿着轨道开辟他们的路
你和我许多晚上走着回家去。
墙上每张面孔在继续微笑.
祖父,我希望我有勇气
告诉您,这是一个我唯愿
再也不必走过的地方。

附 录：

新的梦想[*]

　　第一次见到我的诗被译成一种我不讲的语言（那是意大利语），我睁大眼睛望着，不知我写的诗怎么变成了我不认识的文字。后来，再让它从意大利语译成英语，我又讶然发现，文字本身多少超出了我原来的创作。但是，里面毕竟还有我的一点东西，就像被熟练的侦探变得清晰可辨的一个指纹印，于是我高兴地想到，它就是这样越过时间和空间的距离，到达一个我从不认识的读者手里的。诗的语言浓烈而凝重，虽然我不懂，却使我感到亲切。现在，我又有机会让自己的诗由诗人绿原译成中文。通过他给予我的罕有的荣誉，我觉得我几乎在梦中同许多人握手，我更觉得不可思议的是，诗能使一个人在写作中感到愉快，又能使另一个人在阅读中感到愉快。的确，在诗意交流的顷刻间，我们地球上的所有人都变成了一体。

　　绿原如此慷慨地挑选出来翻译的这些诗，我想大体上代表了一九七〇到一九八五年。最早的一首（《在梅树湾的牡蛎船中间》）写于一九七〇年，那时我应征入伍，参加了美国空军；最晚的一首（《关于一个夏天的非田园曲的回忆》）写于一九八三年，那时我返回故乡弗吉尼亚州，重访了儿时生活过的旧址。它们还代表了我的这样一些主题——我儿时在大西洋沿岸，在水手们（我们管那些坐小船捕捉螃蟹、鱼虾、

---

　　[*] 本文是作者为自己诗选中译本写的序，因为经济方面的原因，中译诗集在一家出版社搁置数年，而后译稿失落。这里前面十首诗及序言刊于《世界文学》一九九三年第三期，最后一首刊于《诗之国》[①]（刘燕及主编，广西民族出版社1996年8月版）。

蛤蚌和牡蛎的人们叫作"水手")中间所经历的生活;我的祖居和我眼前的家——特别是我的孩子们;还有关于生与死的最终真实、关于我永远认为可以在这世界的率直而感性的现实中找得到的真实的紫思。我想,我的诗归根到底是写义务的——那些我们一直信守的、光荣地履行的义务和那些我们没有完成的义务。对我来说,这些构成一个人的意识的精华,它们是他的正直性格的核心,也是他理论上能够爱他的同胞的缘故。在我们所爱的那些人们身上,我们找到了我们想象中的英雄,于是我们赞美他们。

但是,我认为,这些诗也代表了它们发展中的一种风格。有人说我是写"散文诗"的,我又经常被称为一个"叙事诗人"。批评家们还说过,我爱好由辅音和元音的强烈重复所造成的音响,爱好头韵和重读,像九世纪的古英国诗人一样。两种说法都有道理,但我相信,分析一下就会看到,我的"叙事"是为我的语言服务的,而不是相反。这是田园哀歌作者或者以悲喜交集的调子唱挽歌的诗人常有的情况,例如瓦特·惠特曼在《当庭院里最后的丁香开花的时候》中就是这样。这样的诗人是一个赞美者,但也是一个现实主义者。我想,在白居易的伟大的诗篇中就有几分这样的风格。

无论如何,像所有的诗人都知道的,不能由我来讲我的诗说了些什么,怎么说的和为什么说。那是关心我的读者的事。我所想说的只是,我曾希望使那位读者感觉到他的生活和我的生活,并试图以一种单纯的、普通的真实说出,生活到底是怎么回事。诗人绿原把我的诗译出这许多,实在是一件重大的荣幸。但是,让我的诗为中国读者所听到,对我更是一个出乎意外的、值得欢迎的新的梦想。

Dave Smith
戴夫·史密斯

蒂莫西·斯蒂尔[*]

留给后代的快照

婴儿已经
恍然步入
那些巍然位于
时间移动的边缘
在回忆
与希望——
过去与未来之间的
岁月。

哦香肠似的小腿，
摇摇晃晃

---

[*] 以为一个国家或一个时代的诗歌只有一种风格，看来未必是妥当的。这里介绍的美国青年诗人蒂莫西·斯蒂尔的十首新作，可以从中体味到，就与我们所熟悉的美国诗风不尽相同。当代著名诗人理查德·威尔伯这样评论这位后起之秀：他对形式掌握得轻松自如，同时富于真实而温暖的感觉，这是一般形式主义者往往无法达到的。他的主题范围很广泛，或系质朴无华的生活感情，或系深奥微妙的哲理思考，信笔写来，自成一家。蒂莫西·斯蒂尔一九四八年生于美国威尔蒙州的伯林顿，执教于斯坦福大学，七十年代开始发表诗歌与评论。以下诗作选自作者的新诗集《息怒的莎孚体》（1986年纽约兰登书屋版）。

上注与诗中译选自《东西南北集 外国诗与诗论》（外国文学出版社1991年版）。

踏着地板,
你踌躇不前,
用手指抓住
又放开了空气,
惊愕得眼也不眨。

一天你会吟诵,
"空也,幻也,"
有如一道符咒
无以租赁希望之舟,
无以到达虚妄的
生意兴隆的港口。
那么,幸运的孩子,

即使对过去
合上留影簿,也将是
一次虔诚的行动,
一次为
流动的现在
谋方便的
主祷文,
任何环境无不适用。

陈旧的书简

陈旧的书简是责骂,是缄默的诉状
　藏在抽屉或顶阁的箱匣
丢失不了。捆在棕色的文件夹

或缠丝带的小包里，它们叙谈
　　而今已被抛弃的奢望
以及枉然消逝的危难，
不是记录我们年轻力壮的当初，
而是记录利于不再是
幻想的幻想的气候。

这样，它们似乎在警告我们纠正
　　我们自高自大的姿态；况且
我们还可以在温暖的夏夜
站着朗诵它们，室内落下金色的光，
　　一道道随灰土而浮沉，
横过地板投向了贴花纸的墙；
读着读着，还可以从字里行间
构成一个旧我的容貌
耽溺于自身及其图案。

同样，最后把书信归还
　　到各自所属的原处，
就是承认几许生命由于
名利与不满而全然虚掷，
　　而且还嫉羡
有些人不汲汲于遭际，
唯愿体面地度过一生，
接受因明智而未肇始的一切，
从不企图伤害任何人。

小生命

探究奇怪的小太阳的天气,
在灯罩里面,飞虫眩惑而疲倦,
落在书桌上,两只前腿搓在一起,
仿佛在一团火前取暖。

随一锹泥炭翻了身,
一只丸形虫吓得背部直抽搐:
它那许多细腿一气乱蹬,
然后把各部分缩成一个球。

土层或手稿可以待命:
我插上了铣或写半句而中止。
要问何以小生命如此迷人,
何以我观察它们,我真想不通。
但一阵易感的搏动引我注视,
一阵我在它们身上也能看到的搏动。

巧舌鸟

阴阳怪气,毫不疲倦,成天价
他把别人的歌曲偷窃。
模仿他听见的任何音响,
鼓动他的巧舌如簧,
他呢喃,啭鸣,疯狂地呼啸,
栖息在他的树木的顶梢。

遇上小鸟发生了争执，
他以他们的语言厉声相斥；
如不能如其所应，
获青睐于地面的芳邻，
他便落到烟囱或汽车库上头，
继续他虚张声势的喋喋不休。

你可反对他自鸣得意的喧嚷，
反对他所采取的顽固模样，
只不过他创作的组乐
源于急切的悲怆情愫，就是说：
尽管他的嗓音多么美妙，
歌者却没有一首自己的曲调。

息怒的莎孚体

动怒了，我可以去取一杯水；
我的第一个冲动可以是想起沉默，
它的诸神（它们是谁？它们
　　到底有没有？等等）。

我可以回想起亚里士多德关于
主体所说的话；泄怒并非
将它释放出来，勿宁倾向于
　　将它收回去。

我可以设想置身于"地狱"，
听见有人问："我的维吉尔，是谁

在那儿同阿基里斯发脾气?"听见
 维吉尔说:"是但丁,

那家伙,小不如意,
就扔下电话筒,挥舞双臂像
个疯子。阿狄拉①对欧洲、
 成吉思汗对亚洲所做

的一切,那可怜虫对他的婚姻也做了。"
那就是说,我可以好好利用学识,
当心忧郁是一桩罪过,尽管
 目前很流行。

胜似愤怒是饭后的宁静,
是洗涤槽温热的喧嚣,溢水的大盆,
带着最后残渣呈螺旋形渗进
 阴沟的肥皂水。

因为,说到底,好生活是什么,如果不
过得体贴入微,情欲又是什么,如果
不是最神圣的力量,只要控制住
就能承受一切。

---

① 阿狄拉(406—453),匈奴国王。

瓦特堡，1521/1522

——窝姆斯宗教会议之后路德
在这里躲了十个月①

他在里面沉思的庭园像一个谜。
　　小石头路的圆圈，
位于中央的日规，
　　一朵罂粟花立于多叶的主干：
这一切有如线索可以从中推定
全能上帝的无上律令。

于是他想，自然掩蔽着一个总图形。
　　当猎手觉得树林变得平坦，
两只犬咬啮的兔子是脆弱的人，
　　那两只犬就是教皇和撒旦：
而在从林子吹过的一阵风里，
他听见第一批天使合唱的纯洁真理。

怪的是，他的天才如何引人瞩望，
　　如何视生活为读过了的教科书。
而别人在所见一切中把上帝寻访，
　　没有找到他，便认为他已死去，
或者会找到伪神，当历史跌入

---

①　窝姆斯为莱茵河上一城市，一五二一年在此举行宗教会议，马丁·路德正式被宣判为异端。

一部欺世的默示录。

然而,这发生在几个世纪以前。
　　眼前的远景是群山,
是他天天散步的庭园,
　　是他仓惶实现的悠闲,
而在远处碉堡下面,小瀑布
以冷白的呼吸流过阴暗的狭谷。

如若万事俱备,则连疑虑
　　亦不过是命定的心境;
于是他证实了正如他创制出
　　他的理论和他的伶仃,
同时在焦急与忧伤中获得悔悟,
直到早春三月的灰晨才匆匆离去。

甚至这最后一幕也安排得颇暧昧:
　　桥梁咯吱作响,他跃马而过;
他的坐骑与基督的坐骑一样卑微;
　　看哪,外面城堡巍峨,
一道宽宽的炊烟带摇摇曳曳
随风舒卷,卷向了摩登世界。

夜　曲

老是同样的声音
(请问是什么声音?)
把我从睡梦中唱醒。

而当我发出失眠者的牢骚时，
它却指出宇宙
并未睡眠，何以我竟
不满于这朦胧的间隙，
借此就读于这棒状
强光灯，接合于腰际，
明亮低垂的头还戴一顶旧式软帽。

加强弱者，鼓舞沮丧者，
记住所受恩惠
勿念所遭伤害
（老是同样的声音）
勿忘善举
其中，是的，甚至还有
这些黑暗的恐怖。

黑暗何其庞大，
祈祷文何其富于希望。

哲学颂

我身上的唯名论者发明了
一种前所未有的生活。
唯实论却持不同的意见：
他认为我所感所作的一切
无数他人都感过了也作过了
在历史上的前我时期。

这样争辩着,两个声音各说出
一个片面的真理。我是无双的,
但欲望之无尽的
自我苦恼捆打我,不下于
他捆打有史以来
来来去去的人类其他子孙。

然则这场争论又有何益?
我的生活是一场唯名/唯实的追求,
它让人格变得清晰而模糊,
其中发生的一切,经常或从未
发生过——就是说,
对我从未发生,或者一贯如此。

和谐小章

放学了,孩子们走出校门,
身后是操场的铺筑路
及其涂彩的圆形和方形,
和游戏用的交叉形。
男孩子吹口哨,呼啸着,两个
用想象的刀剑决斗,刺过去
又挡过来,一个前进,一个
后退,而一个女孩子在路边

伸颈望着公共汽车来了没有,
另一个端庄地蓄着
系蓝丝带的发辫,穿着水手罩衫,

手牵着一个年轻的朋友。
孩子们来了,路旁掠食的
麻雀一哄而起,
飞过操场的连环栅栏
所形成的菱形空间。

树木轻松地摇晃着,树叶
和下面的声音几乎
有如一个管弦乐队在调谐,
木制管乐器,小提琴,一个罐鼓的
殷勤强调,
可能变成音乐的嘈杂之音
表现着春青,吵吵嚷嚷
或井然有序,欢乐而庄严。

期待暴风雨

微风将一层起皱的黑暗
吹过了海湾。我跪在
一只翻过来的小船下面,
不时地感觉到

我脚旁的砂砾越来越凉了,
潮湿的空气浸人而弥漫。
然后第一批雨点响在
我的头皮上。

关于美国黑人青年女诗人小辑

〔译者小识〕 偶然收到几本美国黑人青年自费出版的新诗集,觉得耳目一新,顺手译出几首女诗人的作品,以应本刊[1]编者约稿的雅意。文学艺术从来是最民主的,容不得半点等级或种族的偏见。黑人诗歌决不因其作者的肤色而应居于低层次。桑戈尔、塞萨尔以及更早的休斯,不论在任何时空条件下,都是第一流的诗人。这几位女作者,比较知名的是索菲娅·亨德森,她认为:"诗是有形的实体,它有质量、重量和密度。"《沃伦老太太及其他鬼神……》写一个小黑人女仆的屈辱心理,含蓄而明朗,纤细而深广,在美国青年诗人中这类作品还是少见的。《血披风》和《每个月的天赐》通过血的联想,反映了黑人妇女对于人权斗争的义务感,更令人为之肃然。也不是说,这几首诗好得不得了,代表了美国黑人诗歌的新水平。不过是想让大家看看,外国有些人是这样写诗的,是写这样一些诗的。其实,外国诗多种多样:有的讲究格律,一板一眼,有的却自由奔放,不拘一格;有的内向,融世界于自我,有的却外向,融自我于世界;有的把诗当作烟酒或药物,以求排遣或治疗的效果,有的却把诗当作武器,直接从事社会斗争。但是,特别是一些比较成熟的诗人,又并不认为诗只有一种写法,只有一种用途,因此只写一种诗。下面几首诗也只是这几位女诗人的精神面貌的一部分。

---

① 指《女作家》文学季刊,本文及其后几首诗刊于1987年第3期。

罗塔·西尔弗斯特里尼[*]

血披风

一

夜已把
它的黑暗扔给了
城市
这是谁的城市？
定位：城区
出租的寓所
被折磨的肉体
破碎的心灵

城市已把
它的黑暗扔给了
夜
子弹完成了
它注定的射程
把他打倒了

---

[*] 罗塔·西尔弗斯特里尼，美国黑人青年女诗人。

他是谁的儿子
　谁的丈夫
　　谁的父亲
是谁的
还在子宫里等待
生命的婴儿?

　　二
一个女人
在城市的夜里
走进了寒冷的夜的城市
青春将
死亡的衰老结局反映在
她棕色面庞的忧伤里
年轻的女人
走着
喊着他那用血
写在南勃隆克斯①人行
道上的名字
子弹扔出了
它的完整的绝对的死亡

　　三
他的黑色的拉美人的头发
现在是一领血披风
震颤消失了

---

① 勃隆克斯是纽约市的一个区,位于曼哈顿东北部。

他一星期以前
吻别了他的
母亲　一出世
就吻过死亡

城市的夜
血淋淋的
死寂弥漫着
虽然一位哲学家
有这样的话
生命在血泊中。

维多利亚·亨特[*]

对比的研究

饥荒
战争
暗杀
都是头条新闻
和平原来支离破碎

腐败的政客们
指控和反指控
犬儒主义猖獗

适逢其会

我的灵魂惊讶地望着落日之美
和垂柳的摇摆舞
我入迷地盯着月亮
数着失踪的星星

---

[*] 维多利亚·亨特,美国黑人青年女诗人。

我沉思地唱一曲颂歌
找到了我的宁静十分希望全世界知道它
但是
饥荒
战争
和暗杀
都是头条新闻
和平原来支离破碎

每个月的天赐

这是件怪事
一个女人
每个月自然地流血

有人
称之为"倒霉"。

但对我
一个黑女人来说
这是一种天赐
是恢复神圣自我的时刻。

有时
我坐在马桶上望着血
鲜红地淌下来
突然间
我们的历史幻景般显现在我心中

我守候并感觉这股红水
从我的阴道流出
我的胃
变成一个想呕吐的、紧握着的反抗的拳
　头。

这是我的血
但它里面
我看见那些比我勇敢的人们
那些由于被阉割
被加私刑
头部被穿过子弹,在教堂里挨炸弹
而不自然地流血的人们
我看见他们
他们许多人
流血,死去,还在流血。

不。
我不诅咒血;不在乎这场狼狈——
这是小小一笔代价,及时使我想起
那些为我、为你、为我们大家流过血的
　人们。

宝贵的血,给予生命的血
这血不让我忘记马尔可姆们、马丁们和①
无数个无名者

---

① 马尔可姆(1925—1965),美国人权领袖。马丁即马丁·路德·金(1928—1968),美国黑人牧师,人权领袖。

他们溅出自己的血是为了
尊严能够成为我们大家的天赋权利。

这每个月的天赐激动我直到我的子宫
我满怀希望
守候着月亮的循环
在风中向远古非洲诸神耳语
试图赶上这摩登时代的脉搏
每天祈祷着
血不会白流。

索菲娅·亨德森[*]

沃伦老太太及其他鬼神……

我们许多人有这个印象
  神与/或鬼
  是无从捉摸
  闪闪烁烁
  倏忽即逝的人们
但我知道有人亲自
  摸过梳过她的头发
  铺过她的被单
  还喝过她的咖啡
  是黑的……请注意
我那时大约十一二岁,嘴里总念叨着
  沃伦老太太
  和她的病
哦,别误会……她可是个真人
  只是有时鬼气森然
  我骄傲地说,星期二

---

[*] 索菲娅·亨德森,美国黑人青年女诗人。

我的职责就是陪她坐着
当然,我看得见她……破裂的棕色皮肤
　　她的轮廓清秀的脸
　　就像你还没有抓破的
　　小小的蛛网
她的黄眼睛大得像成熟的核桃
　　有时显得那么硬
　　哼,哼,哼
　　它们讲起话来了
　　因为她的嘴巴不能讲
　　她失掉了声音
　　由于一次中风
可她有时候讲得真好
　　当她真想听
　　或者不再想听我唱歌时
　　我唱歌是为了
　　清一清空气中
　　有时从**沃伦太太**的
　　被单里传出来的
　　老人气味
我妈妈常说这气味是他们用来
　　止痛的沉香醇膏发出的
　　老人都爱用这种醇膏
　　是的,我试图把它唱走
　　可它总比我的
　　声音更强烈
星期二,我清楚记得,她过去了……
妈妈总教我说过去了……

因为**死**字并不意味
　　他们走到什么地方
太阳不时地露面但显得不情愿
　　似的它可是在发出
　　某种密码？
我熟练地为我皮包骨的脚抹油……
　　为我的腋下擦香水
(因为妈妈说过,我这样闻起来更像个
贵妇人
　　不管这是什么意思)
　　缓慢地走着
　　我们祈祷的步子
(因为同我过去所受的教导相反
　　我当然觉得这些步子
　　将要死去因为它们
　　太弱了走不到任何人身边去)
那天我不像平常那样蹦蹦跳跳,踢着罐
　　头盒
　　　而是拖着后跟一步步拖过
　　　　整七条街段才走到
　　沃伦太太家里去
走上她的门廊我想我听得见她
　　发疯似的喊我
　　于是我飞上了五段楼梯
　　跑进门去
　　门总是开着
　　以防事故发生
　　可她的眼睛止住了我

它们安静地问道……

　什么鬼在攮你,孩子……(**沃伦太太**有时
　　用眼睛破口大骂)
　　我糊涂了像个内疚的
　　见证人走向她的床边
　　弯下身来把嘴唇
　　贴上她的胖颈窝

　早安,沃伦太太……我走着……
　　她核桃似的眼睛总闭着
　　她轻轻点头
　　表示感谢
　　她永远彬彬有礼
　　可当我正准备站起身来
　　她的眼睛突然张开叫道

　把被单铺好——你现在
　该知道怎么铺了!
　　是的,太太,于是赶快把
　　她的被单裹起她的身子
　　这身子只是在她呼吸时
　　才动一动。

　好了,沃伦太太……我问着,声音
　　肯定带着愉快
　　一旦觉得她的眼睛合上了。
　在她房间里蹦跳一阵之后(那房间有时类似
　　灰尘扑扑的地毯和破
　　瓷器……
　我蜷缩在一张填得鼓鼓的扶手椅里
　　喝我的黑咖啡

我呷着摆出
　一个养十个孩子的
　女人的架势
（我由于在那些日子长大了而十分得意）
　有时我坐着
　呷着一面翻阅
　沃伦太太带画的圣经
　　它是我的心爱物……
　　天使们总是那么栩栩如生
我常用手指轻轻摸它们的脸
　像一个盲人
　试图弄清楚
　你是个什么样子……
这一次我也看着这些画
　　但不知怎的，它们变了
　　样……显得遥远
我感到失望，砰地合上了书
　　正决意来
　　扮演大人……
突然间，像一阵风暴刮进来……
　　什么东西把我
　　从椅子上抓起来
　　我的眼睛转过去遇见
　　沃伦太太她在我背上
　　盯穿了几个洞
我跑到她的床边，喊道……怎么啦，**沃**
　　伦太太
　　　怎么回事

我傻了眼

　　再也读不懂她的眼睛

　　我抖着拉着

　　又抖着她的被单

不，不是那，她的眼睛仍然瞪着，但已

　　变得多么温和

　　我恐惧地拉着掀着

　　她的枕头……

　　啊，它们叫喊起来，**不是我**

　　　的枕头……

　　它们的话语模糊起来。

　　我端来食物

　　我歌唱，我尖叫……什么？

但她的眼睛不肯合上，我祈求一次点头

　　苍白的蓝色墙壁在摇晃

　　我眩晕起来

　　一阵暖意贯注了

　　我两腿的内侧

我喊着，**沃伦太太？沃伦太太**……

　　我跑到我放圣经的

　　木桌旁

　　打开了它（下意识地看着）

　　图画显得那么清晰

　　仿佛活了一样

我用手指翻着书页，想起妈妈

　　经常告诉

　　我，天使怎样来

　　把爷爷带走……

我要告诉它们,不!
  可我一想起来
  血就变浓了
我连忙转身看见**沃伦太太**的
  眼睛合上了她微微
   点了一下头
我冲到她床边
  弯下身来
  把我的嘴唇
  贴上她的胖颈窝
太阳庄严地照过被撕碎的阴影……
  仿佛来偿还一笔债务
但它点亮了**沃伦太太**的床像一个霓虹招
 牌……
  我感到年轻了
  汗水在我的皮肤上冒泡
  我眼泪汪汪地合上了眼睛
  铺好**沃伦太太**的被单
  缓慢地
  像一个贵妇人
  点点我的头
  说,
 再见,沃伦太太,……
  再见……

陶乐珊·里夫赛[*]

绿　雨

我记得那长长的绿雨幔
飘飘然像我祖母的披肩——
它因春树的半绿而变绿
那春树正在山谷里摇颤。

我记得那条路
就像通向我祖母房屋的那条路，
一座温暖的房屋，铺着绿地毯，
栽着天竺葵，还有一只嘹亮的金丝雀
和几把闪光的马鬃椅；
而寂静，充满雨声的寂静
就像我祖母的客厅
洋溢着她自己和她一高一低的声音——

---

[*] 陶乐珊·里夫赛（1909年生），加拿大现代女诗人，不论在加拿大诗坛上还是在英语诗坛上，都称得上老诗人了。她的诗富于社会性和人民性，她认为诗必须产生于日常经验和"活的语言"。她说："我觉得真正的知识分子是知道如何接近自然和普通人的那些人，所以我避免和学院派诗人和学院派批评家往来，他们抓不到本质。"这里介绍的一首《绿雨》，并不是她的代表作。

雨声里还夹着风声。

我记得那一天
我只想着我的情人
想着我情人的房屋。
而今我记得那一天
就像我记得我的祖母
我记得那雨像记得她披肩的羽穗。

管多琳·马克埃温[*]

发 现

不要以为探险
完结了,以为她交出了全部秘密
或者以为你拿的地图
抹掉了进一步的发现

我告诉你她的暴露需要几年,
需要几百年,如果你发现她一丝不挂
那么再瞧瞧吧,
会承认还有什么东西你叫不出名来,
就在肌肉上面还有一层纱罩,一层表衣
是你单凭愿望揭不掉的

当你看见陆地裸现出来,再瞧瞧吧
(烧掉你的地图,我不是那个意思),

---

[*] 管多琳·马克埃温(1941年生),加拿大现代女诗人,虽然比较年轻,在探索过程中却相当成熟。一贯主张诗必须言之有物,反对自我放纵,反对教训人,反对冷嘲。她说:"我所以写作,是为了传递欢乐、神秘和激情。……不是那种不知痛苦为何物的天真的欢乐,而是从痛苦中产生并征服了痛苦的欢乐。"这里介绍的一首《发现》,以警句始,以警句终,值得读者玩味。著有《醉钟》《吞火者》等诗集。

我是说,看来最普通的时刻
正是你必须重新开始的时刻

玛格奈特·艾特伍德*

晚餐后的游戏

是在用电以前,
那时还有走廊。

在下陷的走廊里一个老人
在坐摇椅。走廊是木的。

房屋是木的,灰溜溜的;
起居室散着烟味和
霉味,一会儿
女人们点着了煤油灯。

有一个谷仓但我不在谷仓里;
还有一个苹果园,已经荒废了,
它的苹果像软木塞

---

* 玛格奈特·艾特伍德(1939年生),加拿大现代女诗人,是新的一代人。据说她的诗有如"一位探险家在未经勘察过的意识荒原上的速写。"她似乎借用笛卡尔的名言在表白自己:"我思,故我苦恼。"但这里介绍的一首《晚餐后的游戏》却还清新可读。她著有《圆圈游戏》《在那个国家的动物》等多部诗集,并多次获奖。

但我也不在那里。

我躲在高草丛里
和我两个故世的表哥,
他们的喉部
已经长起了薄膜。

我们听见蟋蟀和我们的心
凑着我们的耳朵叫;
我们害怕,尽管我们吃吃发笑。

从周围阴影里
房屋的犄角
一个大人走来找我们:

他会是个大叔,
如果我们走运。

帕特·罗特尔[*]

初　冬

在烧掉了的大山下
风死了　护林人
捆起了睡袋
动身进城去
树响着指关节
窗户开始讲故事
于是孩子梦见了流星
像雪花盘旋而上
进入了树丛

花园里的草木死了
蜜蜂睡在蜂房里
一头迟到的熊推倒了垃圾桶

---

[*] 帕特·罗特尔(1935—1975),加拿大现代女诗人,只活了四十岁,是位政治气息较浓的诗人。崇拜智利大诗人聂鲁达,说"聂鲁达是在大山底下活动的人,是亲吻石头的人",同时在自己的诗作中也一再歌颂土地和石头。对她来说,诗是在个人身上和在社会中促成变革的工具。她在《向聂鲁达致意》一诗中说:"我常常忘记爱,但我想我随时在学习政治。"而学习政治在她看来,就是充分掌握语言及其丰富的资源。这里介绍的一首《初冬》似乎显露了她的一部分风貌。

溪流打破了冰
不停地冲过了房屋

于是孩子梦见了蓝水
绿水
和水的死亡
冬天路上的鹿
在多叉角上戴着珠宝
烧过的山脊
筛着雪
像一柄特大的梳子

玛格奈特·阿维森*

在失业的季节

这些漆绿了的公园长凳
都是新的。公园管理员把它们
安放在那里。
麻雀继续
洗着灰澡在公园枫树
阴影的边缘,就在
长凳加固的地方,先安放下来
然后用水泥加固。

没有一丝风吹动
这张报纸。
我情愿在半夜靠拉普兰的太阳来读它。
可这里我们

---

* 玛格奈特·阿维森(1918年生),加拿大现代女诗人,是位严肃的哲理诗人,她把诗当作发现真理的手段,但又往往对自己的努力感到失望。她认为,在一个推销员艺术比一双灵敏的耳朵更受重视的世界里,有限的想象力胜利了,诗人找不到多少值得注意和尊敬的东西。因此,她被迫向过去寻求题材,或者寄希望于伟大的科学家,以为他们飞跃的想象力可能打开知识和经验的新世界。这里介绍的一首《在失业的季节》,多少反映了她探求诗意的广度和深度。

一早就由一层窒人的黑暗
四面围起。
在那条长凳上一个穿
细条纹白衬衫的人
镇定地仰着头。

报纸上的宇航员说
"我在失重状态下感觉良好。"
于是从他的长凳上一大团
黑色波段在空洞的空气中
播散开来——快得眼睛跟不上——
又消失了。

"在电视机旁守望他的地面观察员说
在目前广播时他
正在微笑,"莫斯科无线
电台报道着。
我瞅了他一眼,注意到
他也感觉
良好,我想,而且
失了重而且
"正在微笑"。

菲莉丝·韦伯[*]

致菲多尔[①]

我是他们端给"死人之家"的精灵们的
菜汤里的一只甲虫。

我是一只黑甲虫,为了勾引人闲荡在温
热的泔水底层。

有一天,菲多尔,你会阴错阳差地把我吞
下去,我将变成你宝贵的肠胃一部分。

在下一次化身里我希望模仿那个白痴和
圣者米希金亲王,抖落我的双翅来换取
他的低能的光荣。

或者,要是我模仿不成亲王,索妮娅或

---

[*] 菲莉丝·韦伯(1927年生),加拿大现代女诗人,往往在诗中呈现一个充满苦难、暴力和死亡的世界,但又往往怀疑艺术的目的未必在于说明人生无意义。不论她的音调如何阴郁,她在诗中仍然肯定了人的奋斗精神,肯定了面对并重建现实的想象力。这里介绍的《致菲多尔》,显示了她和陀斯妥耶夫斯基的精神血缘。

[①] 菲多尔是俄国大作家陀斯妥耶夫斯基的名字。诗中人名都是陀氏作品中的人物。

杜妮娅也模仿不成。

我不是开玩笑,我不是厨房里卫生设备
糟糕的结果,如你所想。

在西伯利亚的鄂姆斯克甲虫不是偶然的
而是必然的。

我快要淹死了但即使在这个情况下我也
懂得你傲慢的坏脾气是你的一部分策略。

你将要把这个冻死人的地狱变成一个销
魂的象征。一个残暴的神龛。

啊,多么美妙的报复。但是,要当心!
癫痫症又快犯了!
喂喂,我要跳进你冒泡的嘴巴,跳过你
的舌头
我现在跺着这根并不十分出名的舌头

大叫:记住,菲多尔,你可能恨人但到
了鄂姆斯克你变得爱人类了。

但你没有听见,你可听见:你在癫痫症
的幻象里正折腾着自己。

住口!可你还不能说话。你是我的,陀斯
妥耶夫斯基。

我立志要滑进你的咽喉,把自己改
良一番。
我几乎听见你要说什么:
 罪与罚
  苦难与慈悲
说到快死的人
 既往不咎,宽恕
  我们的幸福吧

附　录：

加拿大现代女诗人小集译后记[*]

西方的现代诗虽然也有国家和民族的差别,但这些差别掩盖不了它们的共同点,例如造句的口语化,题材的扩大化,以及表现手法上形而上学倾向的复杂化。英、美、德、法等国的现代诗,近年来介绍得较多,我们不难从中看出这一点来。加拿大的现代诗和英美现代诗一样,也是从二十年代开始发展的,但却几乎没有被介绍过。这里顺便译载几位加拿大女诗人的几篇作品,远不足以弥补这个缺陷。从这几篇诗作中,读者除看出若干女性特征外,多少也可以感受到加拿大现代诗作为现代诗的共性。

这几首诗都是遵从《女作家》编者所约,临时从多伦多牛津大学出版社的《十五位加拿大诗人》(1978)中译出的。加拿大现代诗的系统介绍,将有待于热心而又胜任的译者。

一九八五年六月三日

---

[*] 该译后记与之前六首诗刊于《女作家》文学季刊1985年第3期,宁夏人民出版社出版。

安奈·帕尤劳玛*

你离开的时候

你离开的时候
沿路开满了星花，
脆弱的星星一夜间长大了。

你火焰般的微笑
一颤一颤地挂在
黑暗的枝丫上
是野天鹅的骊歌啊。

在岩石的
生满苔藓的脸上
有我血脉的痛楚。

---

* 安奈·帕尤劳玛，一九四九年出生，芬兰当代女诗人。出版诗集《为你唱的歌》（1974）、《天狼星上的一个女孩》（1975）、《野玫瑰、雪花……》（1976）、《月光……》（1981）、《在地球与光的边缘上》（1984）等。这里的十几首选自最后一部诗集。她的诗大都歌颂炽热的爱情，但常含有北国女性性格的寒意。她有一首小诗《致读者》，译如下："你看树，却不看树的灵魂，还想知道生命的什么呢？/要懂得我的艺术，请记住这句成语：'每个人用自己的钥匙开锁吧。'/这样，人人都会懂得我的诗和画，正如人人都会懂得他自己。"中译选自《女作家》1986 年第 4 期。

在庭院的小径上
有眼泪的拱门。

在台阶下面
一朵花,被霜打了。

寂寞。
夜在沉落

月光波动
在疾流中
里面星星在游泳。

岸边
长苔藓的岩石
凝视着溪流中
晃动的身影,
在镜子里宛如
守护神①的女儿
准备迎接婚礼。
夜在沉落
它的泪滴在我脸上。

我于是做起了
孤独者的梦。

---

① 北欧民间传说中守护财宝的小仙人。

冰焰死了

干瘪的
脱皮的松树林
沐浴在朝阳里。

守护神的小路上
闪耀着金矿。
一只上天的山羊
心醉神迷地
从空中冲过去。

从僵化的土地下面
迎着光的涟漪
升起了小精灵。

被风吹打的守护神
穿着破旧的
苔藓皮裘
逃进了岩石的深处。

冰焰死了
遥远民族的土地
又放光了。

我的爱人像酒

我的爱人
你温柔得
像一种醇酒,
我今晚要试试
它的浓度。

我向你祝饮之后
你
将在我体内灼热
好几
天。

远距离的呼唤

我从天狼星听到一次远距离的呼唤。
文森特·梵高①说:

"我坐在太阳山的一间
小屋里,一株金松树的荫影里。
我的展览是一次宇宙的成功。
我待在这里画我的画。

光以不同的方式折射着。

---

① 文森特·梵高(1853—1890),荷兰后印象派画家,以亮色见称。

我不再关心地球的光。
可是你,你的翅膀还没有飞
过疆界,
你要寻求幸福,就为自己弄座花园吧……

黎明时分,蒲公英的
闪耀的太阳升起了
在草场树林的宇宙里。
只有在断念的祭坛上我才能理解。"

丝绸之路

戈壁的沙漠是沉重的。
沙丘在黑夜里
痛苦地歌唱。

我站在天山之上,
头上星星像亮灯笼
落进了晨光。

在千佛窟里
小路把人引入歧途。
在火焰山的唐朝寺院里
我发现了
珍宝,
我再没有恐怖。

太阳洗金

于山外山。
丝绸之路沐入了光海。
远远有一丝吠陀的颂声。
我转向沉闷的
归途。

我焦急地投入了意识

我焦急地投入了意识
我躲脱了
世界的压力。

只有无知的功利主义者
和效率专家才会爱
破烂文化和
随便的爱情。

世界充满着幻想,
失望,和心灵所造的
无能。

我放弃才得到了自由!

树林里,针叶树的荒山脊,
森林地带,才是我的世界,
长青松的密林处,
凉快的沼泽地,是我心灵的坟墓。

我躲藏着
准备离开。

在断念的祭坛上

我摆脱了噪音
来纺织
思想的纱线。

我不再颤抖了。
我是折了翅的
但我让我的脸
开放出微笑
而不依附泪水。

我气息奄奄，
把头发披在肩上，
好让窗户看见
让墙壁记住。

我告别了自己
没有忧虑
没有一声叹息

只有剩下的空虚
是沉重的。
寂寞的是小路。

苍天摸到了我的根

在熊皮床上
你的美杜莎①的嘴唇
贴着我的胸脯。

树群像狼在嚎叫
风把它们
多节的手指刮向了天空。

从我的血管里我听见
温暖的波浪在呼啸。

在你的手臂的压迫下
情欲的震颤达到了
顶点。

苍天摸到了我的根!

我抓住伸出来的手

这条路通向
没有人回来过的坑洼。

当烧焦油的窑燃烧起来,

---

① 希腊神话中的蛇发女怪,被其目光触及者化为石头。

树群嗫嚅着听不懂的话，
我却一句也不相信。

我望着宝藏之火
在峡谷湖边舞蹈，
棉披巾围着肩膀
——我等待着。

霜的头屑盖满了湖
像一面银色的毛毯。

我在等你。你没有时间。

一个守护神沿着月桥走来，
像一个毛茸茸的影子。
他的绿眼睛是温存的。
我抓住伸出来的手
颤抖得像
吹开花房的风。

我再也回不去了。

你身上什么死了

月山上是鸟群的归宴。

我从远处看见了你。
你像风一样走近了。

你望着，我却不觉得。

你是，你又不是。
从你脸上我看见另一个人，
你是你，又是拉姆西斯二世①
在同一个时间里。

你的灵魂住在艾门②的庙里。
你那么迅速地
从一个变成另一个。

你柔顺而卑微地移动着
像水，
透明而单纯
一年又一年。

你身上什么东西死了
在你的眼睛深处我看见
生与死之流。

流明③的光轮像水闪过。

在情欲的沼泽里

你被撕碎的笑沉到

---

① 拉姆西斯二世，公元前1290—前1223年的埃及国王。
② 艾门，公元前十六世纪的埃及神。
③ 流明(lumen)，光通量的单位。

情欲的沼泽里。

太快,太近
一次燃烧的舐吻。

你的原始力的利刃
深深刺入了
我化石般的森林。

在我胸脯的顶端
有你血红的唇印

在你的情欲之火面前
我亲口
认错道歉。

我失我常
再也回不到
门坎。

渴望,像一阵强烈的巫术

渴望在我身上燃烧,
像一阵强烈的巫术。

你从群狼嚎叫、
冰天雪地的国土而来。

在生命的瞬间你打开了
我又关上了我
用长苔藓的手指。

我的手准备
抚摸，
像一阵新生的
风。

为你的雨所滋润
我开始
绽放了。

叶 芝[*]

两棵树

亲爱的,请往你的内心凝视,
那儿长起了圣树;
从欢乐猝发了圣枝,
枝头满是颤抖的花簇。
它的果实五彩缤纷
赋与群星以嬉戏的光线;
它的隐根富于确信
深植于寂静的夜间;
它把叶茂的头部摇曳
赋与波浪以旋律,
并使我的嘴唇配上音乐,
为你低唱一首迷人的歌曲。
从迷惘的树枝中走过
系于温柔斗争的生翅的婵娟,
来来去去,上抛下托
我们生命的火圈。

---

[*] 威廉·勃特勒·叶芝(1865—1939),爱尔兰诗人、剧作家和散文家。这里五首选自《东西南北集 外国诗与诗论》(外国文学出版社1991年版)。

望着她们的发丝婆娑,
梦见她们舞踊而飞驰,
这时你的眼睛含情脉脉:
亲爱的,请往你的内心凝视。

别再凝视那惨苦的面镜,
须知魔鬼诡计多端,
正举着它把我们诱引,
或者只须把它看上一眼;
里面出现了一个可怕的形象,
枝丫折断,树叶乌暗,
根部半藏在雪层下方,
为呜咽的暴风吹残。
魔鬼所举的面镜混混沌沌,
万物在里面变得荒凉,
那面镜映出了人世的困顿,
乃是上帝昔日沉睡时所创。
从折断的枝丫飞出
不安的思想的渡鸦,
探头探脑,飞来飞去,
看买卖灵魂的议价。
风起时可以听见它们,
听见它们拍翅不停,
唉,温柔的眼睛变得残忍:
别再凝视那惨苦的面镜。

茵旎丝芙莉湖岛

我要动身去了,到茵旎丝芙莉岛上,
在那儿筑一间小屋,用泥土和枝条;
我要栽菜豆九行,养蜜蜂一箱,
独自住在林间空地听蜂群喧闹。

我将享有些许宁静,宁静缓缓而降,
从黎明的幕帷降到蟋蟀吟唱的幽处,
那儿夜半若明若暗,正午是紫色的热光,
而黄昏则充满红雀的翅羽。

我要动身去了,我可以昼夜
听见湖水沙沙拍打湖岸;
我站在大路上或在灰石小道上踯躅,
将听见它就在深邃的心坎。

一个亡灵的梦

所有烦难的日子过去了;
任肉体斑斓的盛装
盖上苜蓿和青草,
双脚并拢,排在一旁。

欢乐与义务于她毫无二致;
她不再需要她忧伤的美,
且把镶金的服饰

放进发香的栎木衣柜。

她受到圣母玛利亚的吻,
她的脸庞披散着长发;
她走起路来仍然谨慎
充满大地古老羞怯的优雅。

她的白足隐约踟蹰
和七位天使的白足走在一起,
而在高远穹苍的深处
只见焰上有焰,翼上有翼。

他诉说完美的美

哦,睑白如云,眼睿如雾,
诗人们整天孜孜不倦
想用韵脚筑出一种完满的美,
却不料被一个女性的顾盼推翻,
还有天上那一群不事劳作的小家族:
于是我的心俯首拜服,当露水下滴,
使不事劳作的星星和你悄然入睡,
直到上帝燃亮了晨曦。

摇篮曲

天使们俯向
你的小床;
他们已倦与

啜泣的死者为伍。

上帝笑在天上
看见你如此安康；
闪烁的七星
和他一样欢欣。

我吻你,吻你
我的小鸽子,亲爱的；
当你长大成人,
我多怀念你的童影。

吉卜林*

懦　汉

恕我未能正视死亡,尽管当时惊险备尝,
只因把我两眼蒙住,人们让我孤身前往。

最后的起锚歌

小神儿头上穹窿里的主这样说着,
把各就其位的天使们和魂灵们呼唤:
"诸位请看! 地球已经消泯
　　随着末日的烟雾腾腾。
为了证实我们的命令,是否应将海洋收揽?"

皇家陆战队水兵们的魂灵高声唱道:
"该死的飓风逼使我们卷帆逃遁!

---

* 约瑟夫·鲁德亚德·吉卜林(1865—1936),英国小说家、诗人,生于印度。曾获一九〇七年诺贝尔文学奖,其诗作大部分写英国军队在异国的征战、英帝国的责任和光荣,充满扩张精神,有"帝国诗人"之称,主要诗作有《军营歌谣》《七海》《五国》《英国的诗歌》《东与西之歌》等,韵律和谐、音节流畅、技巧娴熟。这里三首诗选自《英诗金库》(四川人民出版社 1987 年 10 月版)。第一首中谈到的"懦汉"是一个士兵,由于他的软弱,被枪弹击中,毙命。

但我们之间战争已经分晓,
主已从深渊中把我们找到——
我们将把自己的骸骨留给梭鱼,由上帝去将大海沉沦!"

接着出卖过主的犹大的魂灵说:
"主啊,难道您已对我的圣约置之不顾?
我怎能一年一度
到浮水上去乘凉避暑?
您要是取走了海洋,岂不使我万劫不复?"①

接着司掌海风的天使的魂灵说:
(当牛嘴般的海浪逃逸时他遏制了霹雳):
"我一直负责守看
您大海上的奇观,
您要是取走了海岸,岂不将我的光荣取缔!"

皇家陆战队水兵们的灵魂高声唱道:
"好吧,可我们发过怒,我们是急躁的民族!
如果我们把船只修葺
直到它沉没在恶劣的天气,
我们可要婴儿般叫嚷着对海洋进行报复?"

接着被扔到船外的奴隶们的魂灵说:
"我沮丧的一群被囚禁在海盗船上;
但您的巨臂能够救人

---

① 据基督教传说,犹大因出卖耶稣注定永远受火刑,仅被恩准每年在浮冰山上过圣诞节。

它在浪尖上接触到我们,
　我们昏昏然度过漫长的潮汐直到您的法螺贝撕裂了海
　　洋。"

接着顽强的使徒保罗的魂灵向上帝哭诉:
　"我们曾经缆索捆绑船身,让它负伤。
　　我们一共二百八十个,
　　　都跪了下来为您唱赞歌,
　　当我们得知您在海边米利大的恩宠和荣光。"①

皇家陆战队水兵们的魂灵们高声唱道,
同时拨弄着他们的竖琴,拨弄得那么笨:
　　"我们的拇指粗糙而肮脏,
　　　因此曲调未免不够铿锵——
　　我们可否奏一曲大海起锚歌,一如海员们平日所闻?"

接着绅士冒险家们的魂灵说——
　他们被铐紧手腕都因犯有血腥罪行:
　　"嗬:我们为我们的锁链乐不可支
　　　同时想起了西班牙的伤心往事;
　　不论沉与浮,不论去与留,我们曾是海洋的主人!"

一个灰色哥特哈文镇捕鲸手的魂灵大声说了——②
　(他曾在美丽的丹迪港船队上领导过剥鲸):③

---

① 据《新约·使徒行传》第二十七、二十八章,保罗和别的囚犯乘船流放意大利,途中船被风浪损坏,船上共二百七十六人在米利大岛(即今马耳他岛)得救。
② 哥特哈文(Gothavn)是格陵兰的迪斯科岛南端一小镇。
③ 丹迪港(Dundee)在英国苏格兰东部。

"啊,冰山浮过来白晃晃
格陵兰鲸出水亮光光!
您可为它们翻滚于海上的放肆行为淹没它们?"

皇家陆战队水手们的魂灵高声
 叫喊起来:"穹苍之下,听不见测铅也看不见草坪!
 难道要我们永远歌声凄厉
 在这无风的平稳如镜的海底?
 拿走你金色的提琴吧,我们将向大海逆风而行!"

然后主屈尊俯就,呼唤大海前来,
 命令它将边界伸延到永恒,
  以便没有希望的人们
  崇拜主能有准则可循,
 他们可以登上大帆船,到海上把主侍奉。

它面前决不能没有太阳、风和云彩,
 不能没有锐利的、轰响的浪花,更不能没有
 飞翔的管鼻鹱
  船只一定得航向海洋
  航向主的荣光
主把大海还给了它们,他听见了愚蠢的水手谣曲!

礼拜后的退场曲[①]
——1897 年 6 月 22 日

我们自古闻名的祖先们的上帝,

[①] 本诗是作者在维多利亚女王统治六十周年之际,为"日不落帝国"的全盛所写,是作者最为有名的一首。

我们辽阔战线的主,
在您尊严的手下托庇,
　我们掌管着棕榈和松树——①
率领天军的主啊,愿您与我们同在,
免得我们忘怀——免得我们忘怀!

喧闹和叫嚣已经消歇;
　帝王将相寿终正寝:
您古老的祭品仍然陈列,
　一颗卑微的、一颗悔悟的心。
率领天军的主啊,愿您与我们同在,
免得我们忘怀——免得我们忘怀!

我们远征的舰队已经溶化;
　沙冈和岬角上熄灭了战火:
看吧,我们昔日所有的浮华
　全在于尼尼微和推罗!②
宽赦我们吧,万民的总裁,
免得我们忘怀——免得我们忘怀!

如果我们醉于权势,放纵
　长舌对您无所敬畏,
那种矜夸不审异端所惯用,
　或者无法无天的小族类

---

① 此句喻大英帝国广袤的疆土。
② 尼尼微系古代亚述国首都;据《旧约·约拿书》,约拿奉耶和华旨意,去尼尼微告警,尼尼微人信而悔改。推罗系古代腓尼基文化中心;据《旧约·以西结书》,推罗君主骄奢淫佚,国土倾圮。此句系诗人哀叹昔日的浮华全成泡影。

率领天军的主呵,愿您与我们同在,
免得我们忘怀——免得我们忘怀!

对于未开化的心,它只信任
　　冒烟炮筒和铁制榴弹,
所有出身于尘土的勇敢的凡人
　　自行防范而不求您来防范,
为了如此这般的狂言妄语——
愿您怜悯您的臣民,啊主!

马克·弗鲁特金[*]

迟　疑

春天当飞逝时间将田野变绿
季节匆换既不犹豫亦无损耗
日脚因风起而一分为二仿佛
吸进了新的光并脱去旧的壳
但不论你停留或是走掉疑团
仍会再现如季节滴答之钟表
听任地球旋转而日球在自燃
幼芽夭折竟从岩舌上被撕掉
凭借在光中等待的良机一度
降临了一千年的黑暗其去也
迅如星没于晨曦之光明总数
月亮老矣苍白如将融之残雪
北极光之梭往返于远处近处
舞蹈之死者将乐于失去恐惧

---

[*] 马克·弗鲁特金,加拿大诗人,本诗来自《外国诗2》(外国文学出版社1986年)。

王　平

〔作者前言〕　一九九四年四月那个炎热的下午,在新泽西威廉·佩特森学院下课之后,我忽然心血来潮,想去参观一下葬有"黄金冒险号"六个无人认领的尸体的墓园。我不知道那个墓园的名称,但又觉得它就在附近。我到图书馆去,把三月份全部《纽约时报》都借出来,找到那篇报道这些不幸者的文章。他们葬在罗斯玛丽墓园,离威廉·佩特森不远。到那儿似乎很容易,为我开车的那位朋友看地图有多年的职业训练。可是我们却不断迷途。每次我们认为找到了墓园,结果总是搞错了。最后总算接近目的地,忽然又下了一场雷阵雨,下得如此猛烈,我们不得不停靠在公路旁边等待。到雨停了,已经是五点多钟,墓园恰巧关了门。

我心烦意乱地回到家。日日夜夜我都看见那六个淹死者的面孔。他们曾经要我去访问他们,可最后却又把我关在门外。也许他们感到羞愧吧?一个中国人会觉得,没有什么比变成一个"野鬼"(死了葬在远离家乡处的游魂)更糟的了。他们要我为他们做点事,我唯一能做的就是写作,喊他们的名字,帮助他们的幽灵找到回家的路。一整个星期我坐在书桌旁,体味着他们的希望、挣扎、绝望和亏损。我的心跟着他们从福建的丛山到"黄金冒险号"的底舱到罗斯玛丽墓园的公墓。《呼喊的灵魂之歌》是我为新泽西这六个无人认领的死者所作的祈祷。愿他们的魂魄平安回家。我写完这首诗,摇摇晃晃走到阳光下,衰竭得几乎瞎了眼,突然想到全美国还有好几百人关在拘留营里,好几千人为了用来还账的最低工资过着奴隶的生活,还有好几千人等待机会漂洋过海来实现伟大的梦想。他们的名字我都喊得出来吗?

呼喊的灵魂之歌[1]
("黄金冒险号"[2]上溺毙者的声音)

> 我们就在这里
> 　在罗斯山墓园
> 　黑暗的暮色里
> 从我们的幽灵凝望出来
> 　从那无家可归的外窗口。
> 没有月亮,
> 　春天不是旧日的春天。
> 我们的身体不是我们的,
> 　只是腐烂在
> 　"牢房"坟地里的尸体。
> 我们望着天
> 　望着地
> 　望着四面八方。
> 暴风雨从各处
> 　聚拢来。
> 今夜我们将怎样度过?
>
> 风吹来了。
> 　我们六个
> 在深沉的阴影里

---

[1] 译诗刊于《黄河文学》1999年第4期。
[2] 渡船的船名。

站在时间的尽头，
站在并非仅只没有光的
　　黑夜里，
还有一个顽固的声音
　　颤颤悠悠，模模糊糊，
像夏季蟋蟀的长鸣。
有点什么要说出来，
　　即使我的话语
白讲了一番
　　什么也没留下。
我们的故事却摆出一个事实
　　离奇超过神话
我们的故事
　　没有始也没有终。

"回家去"，我们说，
在我们说出、说出这句话之前
我们的声音为渴望噎住了：

　　福州的悬崖
　　　　点缀着挺拔的青松。
　　长乐湾的水面
　　　　掩映在竹丛的摇曳中。
　　海天相接。
　　　　沿岸渔火点点。
　　渔民四海为家。

　　　　好优美！

好熟悉!

薄暮降临,
　　海鸥低鸣,
袅袅蓝烟从
　　红瓦屋顶升起。
离岸的小船
　　和影影绰绰的渔鹰。
盐味的风
　　带着芦苇的沙沙声。
　　大海来潮的道路。

这些场景变成了记忆,
我们过去天天生活其间
根本不在意的场景:

　　一代又一代
　　抛进闪烁不定的光中的网,
　　在晨雾中栽下去的种子。
　　打鱼使我们长年出海,
　　种庄稼把我们的女人拴在地头。

但有时
　　我们听见一个声音,一个诺言
　　　一个黄金梦。
看见的和听见的事情
　　搞得一团糟。
我们把船拖上岸来,

把我们的妻子儿女
留下山影后面。

从村庄到村庄
　我们又买又卖
手头任何东西
　袜子内衣套装衣服黄金甚至药品
一星期七天
　一年三百六十五天
不仅仅是为了钱：
　对冒险的渴望
　奔流在我们的血管深处。
我们跟政府和警察
　捉迷藏。
我们给逮住了失去所有收入
　便称自己为"诺曼·白求恩"
如果毛还活着
　他一定会表扬我们
　像表扬那位牺牲自己生命
　帮助我们打日本鬼子的
　加拿大医生。
我们高兴
　用我们不合法的利润
　帮助建设一个"社会主义"中国。
不管怎样我们把我们的损失
　付之一笑。

欲望的波浪仍然

每天高涨，
这个诱人的声音
　　从大海远方传来。
不是我们渴求黄金
　　或世俗的欢乐
而是这个声音
　　先嘀嘀咕咕
　　　　然后咆哮在我们头脑里。

于是我们怀着希望和恐惧启程了。
　　我们眼泪汪汪启程了。
浓雾铺出一面幕帐
　　直到大洋边缘。
松林反映
　　在一片墨绿中。
在"黄金冒险号"的底层
　　我们看不见我们的女人在哭
　　听不见我们的儿女们在呼唤。
只有大雁
　　在"嘎,嘎……"
　　悲鸣。

我们航行在海洋上
　　在"黄金冒险号"的货舱里——
　　　　猪鸡狗蛇．
　　随他们怎样喊我们。
我们的身体不是我们的
　　为这趟航程卖给了"蛇头"。

你问我们为什么这样做?
　　去问大雁为什么要
　　　　从北向南迁吧,
　　问鳗鱼为什么游几千英里
　　　　到海里去产卵吧。
　　欲望的潮水
莫名其妙地高涨起来。
于是我们带着信心启程:
　　纽约比福州更"富",
　　那里的人享受着"长久的快乐"
　　　　就像"长乐"这个地名。

于是我们带着信念航行着:
　　我们能够在三年以内
　　　　用三万美元赎回自己。
　　我们的苦工会给下一代
　　　　带来自由。
　　我们的儿子们会富裕而幸福,
　　　　不像我们,被我们的国家
　　咒骂,被"老毛子"
　　　　咒骂。
　　美国需要我们的劳力和技术
　　跟我们需要它的梦一样……
　　而今我们却在这里,
　　　　彷徨在这个新泽西墓园周围。
　　我们的身体消失了,
　　　　但我们瞎眼的灵魂还挂着
　　　　　　像雨中淋湿了的幕布。

我们的梦这么薄!
　　　我们的梦这么薄!

彷徨着,
　　那个罗克威附近的黑夜,
我们的船终于望得见纽约。
我们又渴又饿地等待着。
我们在恐惧和希望中等待
　　从船的货舱给拉上来
　　踏上这片福土。
"跳呀",我们被吩咐着,
"脚一挨上美国土地
你们就自由了。"
在黑雨中我们等待着。
"跳呀,"有人在叫喊,
"船要沉了警察要来了!"
于是我们跳
　　进了黑夜,跳
　　进了狂暴的海,
我们的胸口被泡沫和水草
　　堵得透不过气来,
我们的感情混乱了,
　　绝望与仇恨
简直要了我们的命。

　　　哦,我们沉得好深!
　　　我们沉得好深!

唯愿能浮起来
　　再去依附那些混账东西。
在欲望的烈火中
　　下沉是容易的。
事情过后就悔恨。
　　悲伤!
悲伤给缝进了我们灵魂的大氅。
我们的往日现在变了,
　　没留一点痕迹。
远方的大山独自待着。
城市的影子多么遥远。
　　悲伤!
我们只能用哭泣讲话,
记忆无非是心头的白发。
注定要漂泊,
迷失在我们六个感官的根部,
凝望着纽约,
凝望家乡,
福州的巨浪通宵澎湃,
绿衣新娘在红房里揭开盖头,
情侣的枕头像连体双胞胎拼在一起。
　　世上谁人能躲脱悲伤?

我们的腿逡巡
　　在露水浸透的草丛里
依然这里那里攀附着。
这个深夜,
　　难道在这个世界以外?

我们的妻子儿女们
　　还在等我们归去。
但我们却在这里，
　　无名无姓，
生前和身后
　　截然分开。
我们的歌是那只
　　在笼中呼唤的苍鹭
她向晚时分就
　　想起了她的幼仔。
这支歌会传到福州和长乐
　　从睡梦中惊醒那些灵魂么？
在船上
　　我们紧贴着，
货舱里我们几百个
　　挤着挤在一起。
这里我们贴得更紧，
　　一个坑里六具尸体，
泥土筛进了
　　我们没有标志，
没有竖碑
　　随即垮掉的
公共坟墓里。
　　岸边的沙滩
可能有尽头，
　　我们的悲伤却没有。

家去吧，哦家去吧！

　　　　一个空波。
一万个声音，
　　广播着痛苦。
　　请，哦请
喊我们的名字
　　　陈新汉　　甄世民
即使你们把它们
　　叫得不准确
　　　　林国水　　陈大杰
即使你们不知道
　　我们的出身或年龄
　　　王辛　黄冒平
请，哦请
　　喊我们。
把我们的影子
　　从苔藓里扶起来。
你们喊我们的名字
　　声音请放轻点。
别猛地惊醒我们。
　　　但请喊我们。
别让我们从这个地方
　　枯萎凋谢，
黑灯瞎火，一事无成。

〔译者后记〕 本诗译自《一九九六年度美国最佳诗选》(诗人、作家、女权主义者艾德里安娜·里奇 Adrienne Rich 编选,诗人大卫·莱曼 David Lehman 主编《斯克里布纳平装本诗丛》之一)。据编者介绍,作者王平一九五七年生于上海,一九八五年移居纽约,诗作常见于《世界》《硫磺》《芝加哥评论》《护符》《西岸》《江城》等刊。本诗初刊于《硫磺》。译者所以把这首诗翻译出来,不是没有缘故的。

首先,这个题材经过作者的艺术处理,实在令人感动,并引起人们的思考。诗中几位主人公离开了父母之邦,向不可知的异域拿自己的生命冒险,后面是"叛逃"的罪名,前面是"偷渡"的惩处。他们所以要走这条实在不该走的绝路,看来不是出于另一层次的所谓"不同政见",而只是为一种愚昧的幻想所驱使,希图在异国凭自己的勤劳双手,改善一下自己的生活而已。想不到一个个失足落水,成为有家归不得的游魂。对于这些日夜朝着遥远故国呼喊的游魂们,我们能够只是厌憎、鄙视,而不是怜悯、拯救么?诗人用笔将他们从沉沦与泯灭之中打捞起来,为他们唱了一首《呼喊的灵魂》之歌,不也可以说是一种"拯救"么?

其次,或者说,更重要的是,作者的创作方法引起了译者的感慨。这个题材本身很动人,使作者对它产生非写不可的欲望和情结,这是可以理解的。但是,这首诗之所以成功,不能归之于过去风行一时的所谓"题材决定论",而在于客观题材和作者的主观感情贯穿整个创作过程的激荡和融合:诗人正是这样,才得以将读者引向生活海洋的深处,向他们展示了其中触目惊心的险涛恶浪。这就是现实主义的创作方法,特别在诗歌领域可以这样说。事实上,这种方法在四十年代曾经是不容否认的主流,但多少年来可叹是很罕见了。只因它长期在非诗的生态环境下,遭受两方面的歧视和排挤,以致不得不萎顿下来,日渐失去它所应有的活力。先是五十年代"题材决定论"的推行者们,为了文学史以外的原因,以民歌、旧体诗的格律拘束和压抑诗歌艺术的创造精神,摒弃并抹煞现实主义努力的既有成果,使新诗发展形成迹近荒芜的歉收。"题材决定论"之所以必须反对,是因为它忽视作者的主观能动性,以题材本身为万能,认为只要掌握了"重大题材",就可以产生杰作;殊不知题材的重要性不在于本身,正是按照作者主观激情的突击深度,它才能发挥其固有的艺术感染力,而这种在其自在状态未经开发的感染力,落在"题材决定论"的实践者手中,几乎无例外地被葬送掉,这是经过无数事实证明了的。到八十年代,由于政治形势的变化,又出现了相反的局面:在新文学的有生力量破土而出的同时,更多反现实主义的沉渣趁机泛起,直到世纪末,特别是在诗歌领域,又出现了几乎令当年的推助者也难以首肯的怪现象。冰冻三尺非一日之寒,侨居海外的这位青年作者的这首进入英语诗坛的诗如能打动我们,难道不值得进而思考一下现实主义在国内的命运么?

一九九九年

德语国家现代诗选

关于德语国家现代诗选

  这里所用的"现代"一词,是指的本世纪,或者说二十世纪上半叶。其实,按照西方一些文学史家的说法,"现代"的概念应当上溯到十八世纪,因为从那时起,西方文学已逐渐挣脱亚里士多德的诗学襁褓,开始进行多方向、多层次的探索,为现代文学开辟了广阔的前景。不过,我们习惯于把自己所生活的时代称之为"现代"。按照这个习惯,这里收录的只能算是现代诗的一部分。

  德语诗的渊源不算短。远自八世纪日耳曼民族接受基督教以来,德语诗就逐渐具备了个性。但真正把德语诗推向世界的是歌德、席勒和荷尔德林。歌德是自然之子,排斥宗教情绪和抽象思维,强调生活实践的重要性,在创作上把古典和现代融为一体,以其广博与渊深震惊了世界。席勒兼顾文学、历史和哲学,通过创作实践自己的理想,在诗和戏剧上获得了后世不可忽视的经验。荷尔德林始终以恢复失去的古希腊憧憬为己任,虽然成品不多,仍然留下了迄今尚未穷尽的艺术遗产。

  正当以歌德、席勒为代表的德国古典主义雄视文坛之际,出现了它的对立面——光怪陆离的德国浪漫派。这批青年人同样尊重古希腊的艺术精神,但更推崇艺术家本身的优先性,重视创造过程的直觉性,强调对于"无限"的经验;他们提倡民歌和童话,爱用象征手法,并在费希特的主观哲学的基础上,提出了"浪漫主义讽嘲"手法,即故意破坏或中断自己创造的幻象,以表示作家("我")高于作品("非我"的一部分)。德国浪漫派在德国文学史上是一个规律性的现象,但他们对于无理性成分的崇拜、对感觉和心灵的探索以及不断创新的试验,却产生了深远的国际影响,可以说形成二十世纪现代派的先河。研究他们的理论和实践,有助于认识任何"现代派"都并不是真正"现代"的。

当浪漫派在艺术家的主观范畴进行探索的同时,站出了强有力的黑格尔。黑格尔的美学代表了艺术家从关心主观范畴到关心客观真理的转变。他认为诗既是具体的,又是普遍的;诗从最具体的表现发展到高级的普遍形式;艺术作为绝对精神的外溢,从象征或原始寓言经过古典主义到达浪漫主义,最终会废弃自身,因为最终目的只是哲学上的精神实质。黑格尔美学用历史的观点代替批评的观点,抹煞各种体裁的差别,以致使以往关于诗的观念和准则变为陈旧。这种非美学的美学观点,特别是关于"异化"的观点,对后世历代的艺术实践产生了多方面的深远影响。

随着欧洲革命风潮的激荡,同时在黑格尔哲学的直接影响之下,出现了"青年德意志"派。他们作为浪漫派的对立面,开始把文学事业和社会政治斗争联系起来,使德国文学开始脱离作家的主观世界,意识到自己的社会责任感。从他们中间走出了海涅,这位德语现代诗的伟大先驱,他的诗在艺术与政治的有机结合上留下了迄今不减光辉的楷模。

十九世纪后半叶,欧洲大陆兴起了实证主义哲学思潮,在文学上出现了按照生活本身进行描写的自然主义。但是,德国语文学的哲学思维并没有就此沉睡,起来反对实证主义和自然主义,甚至直接反对黑格尔的历史主义的,是叔本华和尼采。

在法国——实证主义和自然主义的故乡,针对反浪漫主义的高蹈派,兴起了象征主义。以波德莱尔为代表,象征派强调对于万物的综合感觉,要求探索观念、世界与心灵之间多方面的神秘关系,并以纯诗为目的。法国象征主义的一部分渊源可以追溯到德国的浪漫派。但是象征主义运动反过来又影响了德语国家当时反对自然主义的新浪漫派,如黑塞、霍夫曼斯塔尔等人。特别是公开宣称"为艺术而艺术"的格奥尔格,在尼采、象征主义和英国前拉斐尔派的影响下,认为诗是预言,与眼前的目的无关,与现实生活无关,是传达高级真实的理想咒语;他利用风景、友谊和艺术等题材把诗玄秘化,推崇诗心的自主性,反对通过注释、渊源或者作者身世来解释诗。德语现代诗正是在这些诗人身上找到了它的二十世纪的走向。

十九世纪和二十世纪之交,德语文学充满反理性主义,在诗歌方面以里尔克、多伊布勒、埃尔莎·拉斯克-许勒等人为代表。第一次大战前后兴起了又一个气势磅礴的文学流派,即表现主义。它的发源地是德国,其影响所及却超越了欧洲;除了文学,其成就更在绘画、雕刻、戏剧等方面。倡导者们既反对自然主义的机械摹拟,又反对新浪漫主义的衰飒吟哦,自称以表现内在的真实为宗旨,认为内在经验的价值高于外在经验;但他们并不从事客观的心理分析,而是通过自我的激昂表现构成形象或幻象,以及对外界事物的幻觉,来显示人的希望、渴求和恐怖。表现主义诗歌的风格特征大都是感叹式或省略式(往往省略动词或冠词,有时甚至省略主语),据说膨胀了的情感不得不爆裂日常语言的规范。表现主义诗歌作品大都是一个封闭性的结构,一道剪不断的意象之流,在时间和空间上没有明确的定位,只是通过韵律和音响在心灵上造成一种忧郁和悲伤的气氛,强烈地反映了对于一个异化世界的迷惑和反抗。表现主义在本世纪像浪漫主义在上世纪一样,是德语文学史上一个巨大的现象。一九二〇年,诗人兼批评家库尔特·品图斯编印过一本表现主义诗选《人类的曙光》(或译《人类朦胧时代》),这是一本内容翔实、资料丰富的诗选,本集从中选译了一些代表作,其中一些作者政治上相当激进,如施塔德勒、奥滕、鲁宾纳等,又如莱昂哈德、贝歇尔,后来成为社会主义文学的代表。

表现主义的兴盛期约有十年光景(1910—1920),接着在法国兴起了超现实主义,主张创作追随从下意识流出的灵感,一时风靡全欧。

但是,这时在德国却出现价值观念多元化的现象,哲学和文学的各种思想并存,在诗歌方面,为了反对城市工业化,崇拜"绿色的上帝",威廉·勒曼和奥斯卡·勒尔克提倡"自然诗";表现主义巨擘戈特弗里德·本恩晚年提倡"绝对诗";而里尔克则以其艰深的新作《杜伊诺哀歌》和《致俄耳甫斯十四行》巍然孤立于一切之上。

接着是纳粹专政,历史发生转折,德语文学面临停滞期。大部分作家或者流亡国外,或者坚持"内心流亡",即或者沉默,或者从事秘密写作。秘密写作或在国外写作的德语诗,大都以反战、反排犹运动为主题,出现了一些当时举世瞩目的作品,如策兰的《死亡赋格曲》、巴赫曼的《缓刑的时间》等。

大战以后,德国青年作家要赶上世界其他地区的文学潮流,必须克服十二年来的封闭状态。他们开始只会运用传统手法,一时被认为"陈旧过时";读者宁愿阅读新版的古典作品,对新创作不屑一顾。于是出现了抗议文学,作者大都是服过兵役的青年人,感到自己被骗了,因此政治上急进而虚无,要求揭露德国人使希特勒得以上台的心态,这便是"四七社",代表人物有魏劳赫、格拉斯、恩岑斯贝格等。本集所收的格拉斯的《拍卖》《在蛋里》等诗,正是那种不信任情绪和破灭感的典型反映。

二十世纪中叶,德语诗开始重新走向世界,受到存在主义哲学和超现实主义文学的影响,是显而易见的。诗人们一般采用蒙太奇手法,把身边任何事物任意集中起来,于是诗成为"用母音组成的分子式,用名词嵌成的教堂窗子,用回忆编成的蛛网,用乌托邦做的三棱镜,用省略号做的星空"。他们在各种试验中,离开德语文学的古典传统越来越远,并和其他国家的"先锋派"一起,日益消失了文学固有的民族特性。

有两位德语哲学家对现代德语文学(特别是诗)产生过重大的影响。一位是存在主义哲学奠基人马丁·海德格尔(1889—1976),他沿袭克尔凯郭尔和胡塞尔的衣钵,对科学技术抱虚无主义态度,肯定人的神秘的自我解放；他重视诗在哲学中的作用，认为诗人比最大的哲学家更深刻地感觉人的生存的紧张，而诗的语言是一种启示，不是批评分析的手段所能理解的；他重新"发现"了荷尔德林，认为他是最纯粹的诗人，史无前例地揭示了生存的奥秘。另一位哲学家则是逻辑实证主义代表路德维希·维特根斯坦（1889—1951），他把语言比作"游戏"，认为各种游戏有各种规则，语言亦然，没有放之四海而皆准的用法，而历代哲学家寻求并不存在的单纯和一致，以致忽略语言职能的种种差别；他同时重视沉默在语言中的意义，认为一旦语言完成"描绘"现实的任务，沉默就是唯一的选择。当然，哲学对于文学创作的影响不可能是直接而全面的，这两位哲学家的玄妙思想不过启发了现代德语诗人的种种探索和试验而已。

奥地利的德语诗歌从表面上看，和其他德语诗没有什么差异，但细加审视，却可发现它更忧郁，更悲观，更富于所谓"世界苦"（Weltschmerz），这可能与奥地利在本世纪的政治停滞有关。在德语文学史上出人头地的作家有不少人是奥地利籍，就本集而言，如里尔克、斯特凡·茨威格、特拉克尔等人；至于大战以后的一批奥地利青年诗人，以汉德克为代表，他们的作品也显然具有不同于其他德语诗人的特色。

译　者
一九八七年十二月

〔说明〕　上文系《请向内心走去　德语国家现代诗选》（湖南人民出版社1988年12月版）的序言压缩版。

本卷的德语现代诗主要选自库尔特·品图斯的编印诗选《人类的曙光》（或译《人类朦胧时代》）及赫伯特·库纳尔的双语版《在糖霜下面》（纽约麦利克文化交流出版社出版）。

克里斯蒂安·莫根斯特恩[*]

一个悲剧的速写

一条河叫作喜鹊
想起了它的真面目
一个晚上就
飞走了。

一个人叫作安东
在他的田野看见它
就用他的猎枪
把它射死了。

那个叫喜鹊的动物
为它的自私行为后悔莫及
(因为——一场旱灾就
发生了)。

---

[*] 克里斯蒂安·莫根斯特恩(Christian Morgenstern, 1871—1914),著名讽刺诗人,德语现代诗的先驱。受尼采影响,研究过佛学及人类学。著有《我和你》《我们找到一条小路》《警句与格言》等。

那个叫安东的人
(可惜一点不奇怪)就
不知道他也是个
同谋犯。

那个叫安东的人
(多少令人欣慰)
也像大家一样就
渴死了。

奥古斯特·斯特拉姆[*]

邂 逅[①]

你的行走迎着我微笑过来
并且
把心撕裂了。
你的点头钩着人,把人绷得紧紧。
在你的裙影里
一切颠三倒四
东倒西歪
抛掷着
劈啪着!
你摇晃又摇晃。
我的抓握盲目地扑抓着。
太阳笑了!
而
羞怯的犹豫跛行开去

---

[*] 奥古斯特·斯特拉姆(August Stramm,1874—1915),原型表现主义诗人,不表现任何观念,只表现感情和心境。写作上不仅违反传统诗学,而且不顾语法规则。生于明斯特,当过不来梅邮政局长,阵亡于第一次大战的东线。

[①] 《邂逅》中译选自《欧洲现代十大流派诗选》(上海文艺出版社1991年12月版)。

被抢劫了被抢劫了啊!

忧　郁

阔步追求
生活渴望着
凝望站立
视线寻找着
死亡在成长
来临
在呼喊!
我们
深深
沉默着。

战　场

松软的泥块麻醉了钢铁
血液凝出了下滴时的条纹
铁锈在粉碎
肌肉变成黏液
乳臭围着腐朽发情。
谋杀加谋杀
闪现在
孩子的眼中。

冻　火①

趾头死了

呼吸化成了铅

热针倾泻到指头里。

背上像蜗牛在爬

耳朵哼着茶

火

在伐木

而

你沸腾的心

从高空中

皱缩地

沙沙作响地

舒适地

啜饮着

滚开了的睡眠。

(1915)

---

① 中译取自《邻笛集》(人民文学出版社 1987 年版)。

埃尔斯·拉斯克 – 许勒*

我的人民①

岩石变脆了
我从里面跳出来
唱我的圣歌……
我突然从跑道冲下去
在我心里潺潺流着
流向远方,独自越过呜咽的石头
流向海。

我的血液像
果汁发着酵
把我流得那么远。
但我心里仍不停地
回响着,

---

* 埃尔斯·拉斯克 – 许勒（Else Lasker – Schüler,1869—1945）,女诗人,表现主义诗歌先驱。先与先锋派刊物《暴风雨》主编赫尔瓦特·瓦尔登结婚,后与当时一些著名诗人同居。诗风充满异国情调,反映了转型期新浪漫主义与表现主义之间、印象主义和心理主义之间的过渡。移居瑞士,后去巴勒斯坦,卒于耶路撒冷。

① 《我的人民》中译选自《欧洲现代十大流派诗选》(上海文艺出版社1991年12月版)。

当脆裂的岩石般的骸骨,
我的人民
面朝东方可怕地
向上帝呼喊起来。

乡　愁①

我不懂这冰冷
国度的语言,
也迈不开它的步子。

连飘过的云,
我也不能解释。

夜是一个继母似的女王。

我不得不永远想着法老的森林
吻着我的星辰的图像。

我的嘴唇已经发亮
诉说遥远的事物,

而我是你怀里
一本彩色的画册。

但你的脸用泪水

---

① 中译选自《请向内心走去:德语国家现代诗选》(湖南人民出版社 1988 年 12 月版)。

织出了一幅面罩。

我的闪光的鸟
被掏出了珊瑚，

在花园的灌木丛里
它们柔软的窠变成了石头。

为我死去的宫殿涂抹圣油的人们——
他们戴着我的先人们的王冠，
他们的祈祷沉入了圣河。

(1914)

世界之末日[①]

世界上发出一阵呜咽，
仿佛亲爱的上帝已经死去，
落下的是铅灰色的阴影，
沉甸甸有如坟墓。

来吧，我们想藏得更亲密些……
生命就在一切心中
如同在棺椁里。

你！我们想深深地亲吻——
一阵渴望叩击着世界，

---

① 中译选自《欧洲现代十大流派诗选》（上海文艺出版社1991年12月版）。

我们必得死在它的门前。

黄昏来临①

黄昏来临,我潜进了星辰,
以免心中忘却去天堂的路径,
我可怜的国土早就变得扑朔迷离。

我们的心相亲相爱地歇着
在一个荚壳里成双成对:
一对白色的杏仁。

……我知道,你像从前一样握着我的手
被蛊惑在远方的永恒之中……
啊我的心灵发酵了,你的嘴向我招认。

祈　祷②

我从万国寻找一个城池,
它城门前面有一个天使。
我带有他巨大的翅膀
虽然从肩胛骨已经撕毁
并在额头有他的星际作为印章。

我不断漫步走入了黑夜……
我把爱带给了世界——

---

① 中译选自《欧洲现代十大流派诗选》(上海文艺出版社 1991 年 12 月版)。
② 中译取自手稿。

好让蓝花开放在每个心中，
我在生活中疲倦地把自己守着，
在神躯中把阴暗的呼吸裹封。

哦神，请用你的大氅把我紧紧包起；
我知道，我在圣骸的玻璃球里，
如果最后一个人把世界浇铸，
你将使我不再与全能脱离
而一个新地球将把我团团围住。

特奥多尔·多伊布勒[*]

孤　寂

我呐喊！我所有的喊声没有回音。
这是一座古老的寂寥的森林。
我呼吸,可什么也没有动静。
我活着,因为我还能愤怒地倾听。

这不是森林么？这可是一个梦的微光？
这可是悄悄遨游开去的秋令？
这是一座森林！一座森林充满古老的原始力量。
接着来了一团火,我看见它越升越近。

我能够回忆,回忆,仅仅回忆。
我的林子死了。我向陌生的菩提树私语,
一道清泉在我的内心溅喷淅沥。

---

[*] 特奥多尔·多伊布勒(Theodor Döubler,1876—1934),表现主义诗人。生于的里雅斯特,自幼修习德语和意大利语,受两种不同的文化和宗教的影响。来往于维也纳、巴黎、罗马、柏林之间,但以柏林为中心居留地。名作为抒情叙事诗集《北极光》。曾任德国笔会主席。卒于肺疾。

而今我凝望着梦,那僵硬的林中鬼魅。
我的沉默,唉,总不是无限的。
我在任何林子里也找不到回音——沉默。

我的坟不是金字塔

我的坟不是金字塔,
我的坟是一座火山!
北极光从我的诗歌焕发,
黑夜已成为我的屏藩!
这种安宁使我心猿意马,
我乃将自由向幻想奉献!
我们借以谋生的矫情,
阿拉拉特山①,将由我的炽热所摧平!

亚当被抬进了坟墓,
只剩下他的世界本能。
它形成于一千种大理石般掌故:
我本人,一个幻影,一事无成,
只能够为祖先而痛哭,
当他通过我在战斗中争取镇定。②
他为自己建造的坟墓是他的信仰,
他相信过去永不能把原形从他夺抢!

骄傲的人之父啊,我痛感
你炸毁规律的忧戚:

---

① 阿拉拉特山,在土耳其东部,传说为"诺亚方舟"登陆处。
② "他",指亚当,即后文中的"人之父"。

你在剧场里把一出戏文静观，
剧场以一千层台阶把你围挤。
你从火山口把自由四下吹散，
火山口却可怕地收缩在一起：
努力放弃你墓中的安宁，
你的心中之星才会使世界大放光明！

我自己是一粒自由的火花，
平衡使我无法忍受！
一起滚吧那阅历的豪华，
我将放弃我的坟墓！
恩宠在原热的迷醉中勃发，
世界法庭则视之为过渡。
但我愿以我的影子将它保持，
我梦见了你，解放了的人间权势！

我的坟不是金字塔，
我的坟是一座火山。
我的脑是锻炉火星迸发，
回归的作品已经做完！
没有和平从我的诗歌中传达，
一场世界飓风是我的志愿。
我的呼吸清楚创造出白昼的形态，
几乎看不出，阿拉拉特山已经劈开！

斯特凡·茨威格*

奥古斯特·罗丹

大师老了,他疲倦了。——
一部银白的浓密的乡民须髯
飘拂在起皱的玄武岩般
死灰的脸庞上。
他艰难地走过一座座大厅,
那里摆满了他雕的石像,
他睡眼朦胧,踽踽曳足而行,
仿佛走进了死亡。

但是白晃晃一道光圈
围着他闪烁不定:
是雕像群神采奕奕,栩栩如生!
它们一直睁着眼睛,
沉默地梦见了一个永恒。

---

* 斯特凡·茨威格(Stefan Zweig,1881—1942),著名德语传记作家,小说家,并不专门从事诗歌创作。本集所收两首可看作他的诗体传记。第二次大战期间,由于对世界政治形势绝望,与夫人一同自杀于巴西。

它们岿然不移,肃然不动,
漠然无情,寂然无声,
宁静地
安于无尽的光荣。
一丝笑意消失在大理石的嘴角,
它们站在那儿,那伟大的奖品,
久已忘怀的胜利,被征服的时间,
冻结的晶体——那绵绵无尽的精神。

大师步履迟缓,在他们中间走着,
仿佛沿着自己整个的一生徜徉。
他带着幸福的颤栗,温柔的恐惧:
不得不将它们一再凝望,
为这千古的疑问感到迷惘:
它们在那消逝的岁月之前,
曾经是他青春的玩偶和耍伴,
而今仍然像当年一样闪闪发光,
生命的波涛仍然纯净地流过
它们冰凉而又明亮的形状,
为什么他自己,它们的雕塑者,
却不知不觉起皱了,变老了,
每时每刻都在开始死亡。

他凝望着发光的雕像,
感到自己老了,疲倦了。
他猜想,在那些明亮、坚实的石块深处
一定有
他自己衰枯的血管里的血,

迸涌如火焰,激溅如火星。
他曾经用双手赋予石块以生命,
他现在仍用这一双苍老的手
颤巍巍地抚摸它们,
为了从这些沉默、冰凉的躯体
再一次感觉已经逝去的生命,
就像一个干渴者,俯身在石像上
仿佛在窥望消逝岁月的古井。

但是,雕像群无动于衷,
身披尸衣站立着。
它们对他不卑不亢,若即若离,
只呼吸着沉默,吞吐着光华。
它们忘记了岩石、国土、时间和名字,
——忘记了自己的老家。
它们无言地排列着,
披着白布站在那里,
对时间彼岸的
盛衰和变迁了无牵挂,
它们的大理石的嘴巴
从不向蜉蝣似的世人答话。

它们头上挂着的时钟
一直向前走着,
多少城市崛起,又多少城市沉沦,
多少容颜丧失了轮廓和色泽,
多少家族兴旺,又多少家族凋零,
多少人变成了面具和神话,

一切都在残酷无情的
岁月的磨盘中被碾成齑粉——
只有它们以凝固的姿态
停息在不停的嬗变之中，
因为它们永远结束了它们的生存。

往者——往矣，
存者——永在——
无论时光如何奔腾澎湃，
什么也没有带走，什么也没有带来，
因为每个沉默的形体
都把一刹那凝结成一个世界，
那一刹那永不复回，也永不消解。
白色的光滑的形体
在各自的生存中永不疲惫，
相互拥抱者将永远
在爱的搏斗中争取满足，
光的波涛将永远
为五体投地者的痛楚而震颤，
诗人将永远以惶恐的目光
从内心的黑夜向世界发出惊雷，
而浮现在那嘴唇上的微笑
虽已在人间消失，却在这里留下来——
此时此刻，那些清醒的面容
早已从一颦一笑化为尘埃，
随时光一起被风吹开。
然而它们，生命的影子，冷漠的
石头，却一直站着；唯它们永在。

大师愕然站立在石林之中，
四周聚集着沉默，寂静在回响，
他又一次感到原始的力量
像伟大的音乐从石头中流淌，
他被赋予了
使命，
要用最后一凿
创造生命于自己的生命之上，
被造型的石头竟比时间还强！
他在自己的艺术形象身上
认识到伟大的不朽之光。

大师第一次微笑了，
自从他哑然在石头面前站定，
大厅里鸣奏着光和沉默，
他的心随着宏伟的赞美诗一起沸腾。
像在祈祷一样，
他高举起
创造了这一切的双手，
敬畏地凝望着自己的作品，
他凝望着它们，那些破损的、冰凉的
雕像，以及它们的裂缝、硬结和皱纹。
那一双工人的手啊——
多少年前在这双手中
所有这些昂然而立的形体
都还像颤栗的、飞不动的小鸟，
而今辉煌地通过了倾覆一切的时光，
竟变得神圣不可亲近，

宛若一群谪落人间的天使,
上帝则闭着大理石的嘴巴赫然君临。

大厅里沙沙作响,双手悄然垂落,
雕像群宁静地站着,白石粼粼,
像在一个传说中一样,
大师虔敬地走进了他的作品。

崇高的一刹那

陀思妥耶夫斯基,彼得堡,西蒙诺夫斯克广场
　　　　　　　　1849 年 12 月 22 日

夜间人们把他从睡眠中拖起,
军刀响彻了掩蔽体,
命令呼喝着;影影绰绰,
鬼魂阴森地晃动着。
他们把他向前推,推向一条深深的走廊,
长而又暗,暗而又长。
锁舌嘎吱尖叫,铁门哐啷作响;
于是他感到天空和气流冷如冰霜,
那里停候着一辆囚车,一个流动的坟墓,
他被匆匆地推了进去。

他身旁,镣铐锒铛,挤成一排,
鸦雀无声,脸色惨白,
是九个难友;
没有一个开口,

因为个个眼明心亮:
车子将把他带往何方,
下面轮子滚滚向前,
把他们的命运纳入了轮辐之间。

囚车咔啦,
停了下来,铁门吱呀:
一片黝黑的世界睡眼昏浊
穿过打开的铁栅,
向他们凝望。
一片房屋群,
屋顶低矮而污秽,上了霜,
包围着一个充满黑暗和白雪的广场。

尘雾用灰巾
蒙住了高级法庭,
只有金色的教堂
由朝霞抹上了冰冷的血光。

他们沉默地排成行列。
一个少尉念着他们的判决;
以叛国罪应予枪毙,
枪毙!
有如沉重的石头,话音
落进了寂静的霜镜,
它一声叫喊——
仿佛什么东西裂成两半,
然后余响空空洞洞

沉入了凛冽静晨之无声的坟墓。

如同置身梦境
他感觉一切在自动发生，
只知道，他现在必须死亡。
一个人默默上前给他披上
一件白色的飘动的尸衣。
难友们以沉默的呼喊致意，
交换最后的遗言和热切的目光，
他吻着十字架上的基督圣像，
东正教牧师曾郑重叮嘱将它带上；
然后他们一起十个犯人，
一行三个，三个一行，
被用绳子给绑上了刑桩。

于是
一个哥萨克匆匆走近，
蒙住他的双眼，不让看见枪身。
他的目光——这是最后一回！他知道——
赴他还没有永远瞎掉，
贪婪地要抓住一小片世界，
那一小片正是外面天空容他的一瞥：
他看见教堂在晨光中燃烧：
熊熊燃烧着它的外表，
如同那最后的一次圣餐
有神圣的朝霞照满。
他抓向了教堂，凭着意外的幸运，
如同抓住死后的永生……

这时他们让黑夜掩住了他的眼睛。

但在他的心中,
血液开始鲜艳地流动。
一生历历在目
从血液中冉冉升出
如同闪光的潮汐,
他感到
濒临死亡的一霎时
将一切过眼云烟
重新冲过了他的心田:
他的整个生命于是重新苏醒,
闪过他的胸襟,形同鬼魂;
童年苍白,迷惘而朦胧
还有父亲,母亲,妻子和弟兄,
三片面包的友谊,两杯淡酒的乐趣,
荣华一场梦,羞辱一大捆;
形象繁复的渴望沿着血管
狂热地将失去的青春转滚,
他再一次深深地从内心
感到自己的全部生存
直到眼前这个辰光,
他们把他捆在了刑桩。
接着一个念头又黑又沉
将它的阴影投向了心灵。

而这时分
他感到朝他走来了一个人,

感到一个脚步阴郁而寂静
近了,近了,近在身旁,
感到他把手放在他的心坎,
它于是越来越弱……越弱……
　　简直不能动弹——
又一分钟——接着消亡。
哥萨克兵士
在对面排好队形,子弹上膛……
皮带挥舞着……双手劈啪直响……
号声把空气撕得粉碎。
这一秒钟使一千年变得颓唐。

这时发一声喊:
且慢!
官长
走上前来,一张白纸在手里飘扬,
他的声音清脆响亮
划破了引颈盼望的沉寂氛围:
沙皇
宽洪大量,
恩准
将极刑减为轻刑。

话音听来
有异:他不能想象个中奥秘。
但血流
重又把脉管红透,
升了起来,开始轻轻歌唱。

从僵硬的关节,踌躇地爬出了
死亡,
眼睛于是感到,尽管一片漆黑蒙着布,
周围已出现了永恒之光。

执行官长
沉默地为他松了绑,
双手从他发烧的鬓角
揭掉了白布条
有如一块粗糙的桦树皮。
眼睛踉跄地从坟墓中升起
重又笨拙、衰弱而又眩晕
探入已经发誓舍弃的生存。

于是他头一抬,
看见同一个金色的教堂顶盖,
它正在上升的朝霞之中
神秘地泛红。

朝霞的成熟的玫瑰
仿佛以虔诚的祈祷将它包围,
闪闪发光的球形顶
以其十字架的手表明
这是一柄神剑高悬
在因幸福而发红的云层边缘。
而那边,晨曦隆隆如雷鸣,
教堂上面出现了诸神。
向整个叮当作响的上苍,一道

流光
洒出了它炽热的波浪。

雾霭
腾腾上升,仿佛装载
人间所有黑暗的累赘,
升进了神圣的朝晖,
而从深处涨出了种种音响
仿佛一千种呼声在合唱。
这时他才第一次听见
人间全部的苦难
怎样把它灼人的辛酸
热切地滚过了尘寰。
他听见小儿和弱者的声音,
白白委身的女人的声音,
嘲笑自己的妓女的声音,
卧病不起的患者的郁怒,
从来没有笑容的孤独;
他听见儿童如诉如泣,
被秘密诱拐者的无力的呼喊,
他听见所有受苦受难的人们,
被遗弃者,被压抑者,被捉弄者,
随时随地出现的
不戴冠的烈士,
他听见他们的声音,听见
这些声音以强有力的旋律
升向了广阔的天空。
他还看见

唯有苦难浮向了上帝
而其他万物则以沉重的晦气
将艰苦的生命紧贴大地。
但是光在上面不断扩展
在人间苦难之
袅袅和声所构成的
　　洪涛下面；
他还知道,这一切,这一切
都将承蒙上帝垂听,
他的极乐世界响彻了怜悯！
对于贫贱者
上帝不予裁判,
慈悲以永恒的光
无限地照遍了他的殿堂。
《启示录》的四骑士驰骋而过,
对于死里逃生的人
苦变成乐,福变成祸。
于是一个遍体放光的救星
飘然降临,
用神圣的、生来痛苦的爱之
光深深地火星四射地
钻入了他颤栗的心。

这时他晃晃摇摇,
跪了下来,仿佛被击倒。
他一下子感觉整个世界
就在它无穷无尽的苦难之中,实实在在。
他浑身发颤,

满口白沫四溅，
痉挛扭歪了他的面部，
但泪水
幸福地浸湿了他的尸布。
因为他感觉，自从
他接触死吻的苦味
他的心便尝到了生之甜美。
他的灵魂渴望折磨和伤痕，
他大彻大悟：
就在这一瞬间
他变成了另一个人
一千年前被钉在十字架上的那个人，
他像他一样
经过那一次灼人的死吻
从此必须为生之苦难而爱人。

士兵们把他拖开了刑桩。
他脸色
惨白，如同熄灭的火光。
他们粗暴地
把他推回了队伍，
他的目光
漠然，完全沉入了内心深处，
而他抽搐的嘴角则挂着
卡拉玛佐夫苍白的笑。

路德维希·鲁宾纳*

沉 思

白色监狱的夜,月如珠,而又高,
发着棕色光辉的断头台交叉在通向未来的天窗前面,
班长躺在垫得厚厚的木床上,
一个秘密警察的眼睛纤毫毕现地从光滑铁门的窥视
　　孔里戏弄着。
他十分安静地躺着,血从笔直的四肢流过又涌回来,
棕色的岗楼布满人头,警卫匆匆上班和下班。
嘴巴的水沟下面深处干渴了。
外面幽暗激动的田野等候着火光。
哦嘴巴,不久会有武装的群队如黑浪涌溢出来,
棕色的头,你把它们轰然掷向了陆地,
哦眼睛的光辉,它在大火中击中了目标。
哦圆屋顶,里面有地球的新屋在浮荡,平坦地相互包容,
　　数不胜数,还有柱形雕像,树林,语言,你透明的
　　头!
沉默地躺在号房的白色小方块里过夜的术床边缘,

---

* 路德维希·鲁宾纳(Ludwig Rubiner,1881—1920),一生不追求名誉,积极主张行动,要求政治诗人具有"人类中心意识"。对表现主义诗派有重大影响。

瘦削的手指放在一旁像明天在坟墓里一样。
但你的脉搏徐缓地从碉堡的墙头真空管弹动而过,
看守违禁地同囚犯耳语。
你兄弟般的眼睛如滚动的石头扫视着醒着的号房。
你通过所有囚犯的头脑沉思,想到警卫,想到庭院,
　想到大街上!
你身上的石头膨胀起来。
你的头发是不眠的警卫的站台,
你的血液中的石墙随着你的颤动一呼一吸,
房屋四周高处的格子窗你看来十分阴暗。
一千年来碉堡就是你远在各国的肖像,你的名字大火似
　的悬在天上,在你高大的石头脑袋之上。

班长,今夜别睡。只有今夜还可以沉思!

人

在炎热的赤夏,在滚转地球尘土飞扬的旋转之上,在蜷
　缩的农民、疲惫的士兵中间,随着圆形城市呼啸的
　熙熙攘攘
人跳进了高空。
哦浮荡的圆柱,腿和臂的光亮的圆柱,肉体的坚固发光
　的圆柱,头颅的灿烂的圆球!

他静静地飘浮着,他的一呼一吸照亮了喧嚣的地球。
从他的圆眼有太阳走出走进。他闭上了弯弯的眼帘,月
　亮上升又下落。他的双手的轻摇像一根闪光的鞭绳
　扔出了星星的圆圈。

小小地球周围流淌着噪声如此悄静像玻璃罩下面紫罗
　　兰花束的湿润。

愚蠢的地球在它盲目的行程中战栗着。

人微笑着如火热的玻璃洞穴穿过世界,
天空以彗星的长带射穿了他,人,火热的透明者!
在他身上沸腾着思想,那些炽烈的球体。
思想泛着燃烧的泡沫涌流在他周围,
熊熊燃烧的思想从他身上闪烁而过,
天空的发光的脉搏,人!
哦神的血,烈焰冲天的大海晶莹透明。
人,灿烂的芦笛:世界的球体,燃烧的大眼睛像炽热的
　　小镜子从他身中泅过,
人,他的孔穴就是啜饮的嘴,他吞吐着炎热天空蓝色的
　　冲击过来的波浪。
人躺在天空发光的地板上,
他的呼吸轻柔地拍打着地球像闪光泉井上面一颗小小玻
　　璃球。
哦闪着白光的圆柱,思想带着血的火花从中上下流过。

他竖起肉体的光亮的圆柱:他四下抛洒着圆形地平线狂
　　乱的呼呼声响亮有如雪花的圆舞!
闪电似的三角形从他的头颅射向了天空的星星,
他把强有力的错综的神圣的曲线扔向世界各地,它们又
　　返回到他身上来,像发出飞镖的不可思议的战士。

在飞翔的光网里一亮一熄人像脉搏似的飘荡着,

他熄了又燃烧起来，如果思想从他身上流过，
他把弹回来的活力放在他发光的身体上轻轻摇动。

他旋转着腾焰的头颅，把它投出的、边燃烧边沉落的线
　　条划在黑夜上面：
球体朦胧地迸裂卷缩如花叶，锯齿形平面在火光中闪烁
　　地卷成倾斜的圆锥体，尖针形的棱锥如阳光从黄色
　　火花中升起。

人在光华中从黑夜举起他火炬般的肢体，把他白皙的双
　　手泼在地球上，

光亮的数字，哦喷射的饰带有如熔化的金属。

但如果它冲击着炎热的地球（地球后足直立形成穹窿），
它会不会随即呼啸飞回？稀薄，迸散，随着地球中空而
　　加重：

动物的吼叫。绿树的轻风，五彩缤纷的花粉，降雨时太
　　阳的颜色。悠扬的音乐声。

保罗·策希[*]

树　林

拔掉我的舌头吧：我还有双手，
来赞美这岛屿般的存在。
它将变成完整的我并进入我自身，
仿佛它从我的额头长出墙壁来，

那里有山峦湛然攀向了云端。
我愿用从蓝天拾取的光
来描绘从未写过的诗
它清楚地分枝在整个天上。

因为这里是通向无限的入口；
世界在这里第二次变为儿童
从被抽出的黑白阄签中。

请进来吧，你迷途而又盲目！

---

[*] 保罗·策希（Paul Zech,1881—1946），成名前在鲁尔区当过矿工和矿工监督员。后被派往巴黎，同时研究法国新文学，十余年来从事翻译维雍、马拉美、魏尔伦、兰波等人诗作。后在柏林从事报刊、剧院、图书馆等多种工作，精力充沛，每天只睡四小时。个人创作甚丰，包括诗歌、长短篇小说、评论、翻译等。

假如一度在梦中大声呼唤过
上帝——:树木就是通向他的阶梯。

房屋张开了眼睛……

晚间万物不再盲目
而僵硬地站在被追逐时刻
的冲击中;风从磨坊带来了
冷却的露水和鬼魅似的蓝色。

房屋张开了眼睛,
星星下面的星又是地球,
桥梁下沉到河床
深处有独木舟一个个游过。

轮廓从每一株灌木身上长大,
树梢吹开去像懒洋洋的烟
山谷把长久压着山岳掀开了。

但人们却带着入迷的面孔
在星星的银浪中惊叹
像果实一样又熟又甜即将坠落。

威廉·克勒姆*

哲　学

我们不知什么是光
也不知以太和它的悸动——
我们不懂成长
和物质的亲和力。

我们生疏于星辰的意义
和时间的庆典。
我们不理解心灵的深渊
也不理解各民族自相残杀的丑态。

我们始终不知来与去。
我们不知什么是上帝！
哦谜的丛林里的植物
你最大的奇迹就是希望！

---

* 威廉·克勒姆（Wilhelm Klemm,1881—1968），生于莱比锡，卒于维斯巴登。当过医生，后从事出版业。表现主义诗作如《颂歌》《撒旦的傀儡》等，以反战为主题。

成　熟

我向高空生长，
那里星辰密集如一堵墙，
我看见无涯近在咫尺
如一个神秘的被爱者的脸。

于是我沉没到可想象物的阈限之下，
从物质的网眼银光闪闪地滴过，
变得比任何琐细还要渺小——
我寻求无，却没有发现它。

我生活在沉默的永劫中，那里创造
静立着；那里未来与过去合流
为一，那里永恒枉然地
孵育着，我学习至善至美的期待。

然而我又变成闪电般的矫捷。
我一千次跨越了光
看见万物戏耍在顷刻的刀刃之上。
但请相信我，朋友，它们比我更快。

我在青春年少时瞥见了世界。
永恒的规律在悄悄庆祝胜利！
它向上欢呼，化为泡影。
我昏然立于三界之中。

于是我知道,唯有心灵
飘荡到一个幽冥的世界。
兄弟情谊使我感觉如谜——
主啊,我在那里找到你永恒的双手。

不论你把它们伸向我还是拒绝我,
你的伟大的世界总是我的故乡!
我一度以肉眼所见到的一切
我所经历的一切——已经使我餍足。

威廉·勒曼[*]

二月的月亮

我看见二月的月亮斜躺
在明净的天上,发出土耳其蓝。
在冬日的黄草上有母羊
漫步着,咀嚼,盘桓。

最美的一只使公羊乐不可支。
羊毛闪着光,如洗过的珊瑚。
我知道使月亮升起来的那个字,
我在堕落以前的乐土。

伦 敦(1964)

晚了几百年,
十一月的凉意。

---

[*] 威廉·勒曼(Wilhelm Lehmann,1882—1968),生于委内瑞拉德语家庭。参加过第一次大战,后在英国当俘虏;一九六四年重访伦敦,写诗留念。与奥斯卡·勒尔克相善,共同提倡"自然诗",在细密观察事物的基础上强调空灵,对年轻诗人颇有影响。除诗作外,还写小说和评论。

卓别林式的老头
转着留声机唱片
在城市的喧闹里。
唱片喷溅出
爵士乐如怨如诉。
他扣紧衬衫胸部
像孩子扣紧涎布。

他推着一辆小儿车
把唱片放在车里。
他不再向生活
挖掘什么深意。

为了盖住他的瘦脸
他拉低了圆顶礼帽。
他的头斜倾着,
伦敦对他没有打搅。

来自荒芜的世界
我在动物园登陆:
宝塔上的猫头鹰
也这样翘起它的头。

飘然来自
东南亚,
那有两手高的
女王陛下。①

---

① 此处及末段,均指偏着头的猫头鹰。

孤独的恐怖
攫住了我，
一条道路闪现开来，
一个意向从我擦身而过。

她对我视若无睹，
La belle Dame sans Merci,①
我就是那老头，
女神就是伊。

---

① 法语:无情的美人。英国诗人济慈(1795—1821)有以此为题的名篇。

恩斯特·施塔德勒[*]

夜过科隆莱茵桥

快车摸索着冲过了黑暗。
前面没有一颗星。整个世界只是一条狭窄的、为黑夜包围的
　坑道。
有时蓝灯的出坑器撕裂了陡峭的地平线：弧光灯
的火圈,屋顶,烟囱,蒸腾着,流动着……只有几秒钟……
于是一切又变黑了。我们开往矿层,仿佛开进了夜的内脏。
马上有光蹒跚过来……迷迷茫茫,孤苦伶仃……更多了……
　聚拢了……变浓了。
灰色屋面的骨架裸露着,在微光中变白,死去——一定发生
　了什么……哦,我感到
头脑沉重。一阵抑郁在血中歌唱。接着地面突然像海一样隆
　响起来：
我们在飞,被抬上半空,王侯般穿过从黑夜夺来的空气,驾
　临河流之上。哦,千万支光的曲线,沉默的警卫,
在它们闪耀的阅兵式面前河水汹涌而过。无穷尽的夹道行列！

---

[*] 恩斯特·施塔德勒（Ernst Stadler, 1883—1914）,早年留学英国,研究莎士比亚。第一次大战前在布鲁塞尔大学讲学。与诗人勒内·席克勒共同促进德法友好关系,但仍为国参战,阵亡于西线。诗风与惠特曼、克劳戴尔等人相近。

夜间举枪致敬!

像火炬冲击着!多么可喜!蓝海上船只的敬礼!星光灿烂的
  节日!

蜂拥着,睁着亮眼挤过去!直到城市连同它最后几栋房屋送
  走了客人。

然后是长久的荒凉。赤裸的河岸。寂静。夜。沉思。反省。
  精神交流。于是热情冲动

为了祝福的结局。为了生殖庆典。为了极乐尽欢。为了祈祷!
  为了海。为了沉沦。

(1913)

伦敦一家施粥厂门前的孩子们

我看见孩子们两个一排,排着长队,
  站在一家施粥厂门前。
他们等待着,沉默寡言,昏昏欲睡,
  等候轮次吃他们的晚餐。
他们肮脏而又褴褛,
  打盹倚靠着墙壁。
小女孩用失灵的双手
  抱着苍白的婴儿。

他们饥饿而胆怯
  站在亮起来的路灯之间,
好些个瘦削的脸上
  带着深色的斑点。
他们的衣服有地窖、暗室,
  挨骂受气,忍饥耐寒的气味,

他们的身体带着贫困
　和过早劳役的疤痕。

他们等待着:别人一吃完,
　就会让他们走进大厅去,
给他们摆出面包和蔬菜,汤汁
　盛在白铁杯子里。
哦,然后倦意来临,松弛了
　他们扭曲的四肢,
而夜和香眠将引着他们
　到奇妙的玩偶室里去玩
　旋转马和小锡兵。

(1914)

形式即逸乐[①]

形式与障碍必须粉碎,
世界穿过了解事的芦苇:
形式即逸乐,即和平,即奇妙的满足,
我却汲汲于翻耕沃土。
形式将束缚我把我压缩,
我却努力把自己的存在挤向四周——
形式明明是严酷毫无怜悯,
我却被迫走向苦闷者、可怜人,
而由于无边无际的自暴自弃
生活将充分地把我灌醉。

---

① 选自《欧洲现代十大流派诗选》(上海文艺出版社1991年12月版)。

勒内·席克勒[*]

花园里的孩子

我愿把我赤裸的双手叠在一起
让它们沉重地坠落，
已是黄昏时刻，它们宛若情侣。
铃兰响在薄暮中，
白色香纱披散在我们身上，
我们偎依着窃听我们的花朵。
郁金香从白昼最后的光华中照过，
紫丁香从灌木丛中溢出，
一朵明亮的玫瑰熔化在地上……
我们都相亲相爱。
外面的蓝夜里
我们听见钟声沉闷地敲响。

---

[*] 勒内·席克勒（René Schickele，1883—1940），在斯特拉斯堡求学期间，与施塔德勒合办刊物《突击者》，后在苏黎世出版《白页》。曾旅行希腊、意大利、小亚细亚、北非和印度等地。母亲为法国人；毕生致力于德法友好。

月　升

被活埋的心,你尚未明朗的月亮,
破云而出,最后的光熄灭于晚风……
我所有的思想,曾遭世人谤丧,
不久将辐射出来,因它们飘零有如转蓬。

不再到陌生的心灵面前乞食!
不再追求成果!
不再带着各种渴望去死
带着虚情假意复活!

信心的容器,你明朗起来的月亮……
世界在晚风中失却光彩。
夜来了。如苍白奴隶的思想
辐射开来,它们能支配大陆和大海。

奥斯卡·勒尔克[*]

疗养院

为什么把这人打成残废?
他在他的额后思考:
棍棒就这样击碎
他的头颅,脑不过是脑。

为什么劣质啤酒的饮杯
把那些人的眼睛点燃?
他们碰见一个瘪三
就把他称作瘪三。

为什么这个人塞着嘴噤不成声?
因为他的良心在狂呼!
谁的头跳进了雾之境?
他的咽喉因恶心而呕吐。

---

[*] 奥斯卡·勒尔克(Oskar Loerke,1884—1941),早年当菲舍尔出版社校对。写过小说评论、日记和音乐家巴哈评传;生前出版七本诗集。与威廉·勒曼一同提倡"自然诗",但同时也写城市诗。

柏林的冬暮

房屋,阴暗的板壁,涂着燃烧的字体,
字体痉挛着呼唤,祈祷着辩诬。
星星在牧场上面的云端里,
夏天蓝色的亚麻久已入仓存储。

赤裸的树像失业者的扫帚。
有自由的风在上面盘旋。
南来一丝气息吹瞎了明眸:
含羞草的芬芳的氛围扩散得很远。

阿尔贝特·埃伦施泰因[*]

在铁石心肠的大地上

我向一辆火车头的烟雾欢呼,
星辰的白色舞蹈使我欢喜,
一匹马的蹄子闪闪发光,
一只松鼠窜上树枝使我欢喜,
或者西尔伯湖的斑鳟在小溪里变冷了,
麻雀在凋零的树枝上叽喳着。
但我的朋友和敌人都不活在人间了,
我穿过田野向远方走去。

我踏碎了这条戒律:
"人啊,自得其乐也让人得其乐!"

我却变得忧郁起来,
躲避少女和男人,
自从我温柔的、滴血的心

---

[*] 阿尔贝特·埃伦施泰因(Albert Ehrenstein,1886—1950),生于维也纳匈牙利语家庭。求学时代开始写作。曾旅行欧、亚、非洲,自称到过中国。后移居瑞士,最后定居纽约,仍以德语写作。

撞碎在尘埃中,虽然我崇敬他们。
我为女人的呼吸感恩,她们的爱
却从不眷顾我的独自呻吟的官能。
我,浑身战栗,仍然活着。活得够长了。
我穿过沙漠,一路唏嘘。

绝　望

几星期,几星期我一言不发;
我孤单地活着,形容枯槁。
天上没有星星唧喳。
我情愿这样死掉。

困境使我两眼模糊,
我躲藏在一个角落,
我希望渺小如蜘蛛,
但没有人来踩碎我。

对任何人我没做过坏事,
对一切善行都帮过点小忙。
幸运的是,我没有你。
人们不愿把我活着埋葬。

戈特弗里德·本恩[*]

女像柱

摆脱石头！砸碎
奴役你的框洞！冲到
田野大喊大叫吧！对飞檐何妨一笑——
瞧瞧醉醺醺的西伦[①]，从他永远喧闹的
奇特的隆隆流过的血液里有
酒从他的胡须滴进了他的私处！

唾弃圆柱癖吧：那些垂死的
衰朽的双手颤巍巍伸向
乌云密布的天空。推倒
神殿吧，为了你的膝盖的眷恋，
里面有被囚禁的舞蹈在追求！

---

[*] 戈特弗里德·本恩（Gottfried Benn，1886—1956），被认为是第一次大战以后十年间最有影响的德语诗人。毕业于医学院，第一次大战期间在德军中任军医。早年作品有诗集《陈尸所》，短篇小说集《脑》，诗集《肉》，均与其临床经验有关。诗风接近表现主义，但超然于该运动人道主义的左翼立场。一九三三年曾支持纳粹掌权，旋因提倡后者所反对的"堕落艺术"而失宠。一九三五年重作军医，第二次大战后其作品一度为联军所禁。晚年在柏林行医。

[①] 据希腊神话，西伦为牧神潘之子，酒神巴库斯之伴，年老短壮秃顶多髯而扁鼻，常作醉酒状。

伸开你的双臂,把你绽放到死吧,从
伤口中把你柔软的花床放血放完:
看吧。带鸽子的维纳斯用玫瑰
把下腰的爱之门围住——
看这个夏天最后的蓝雾
怎样在紫苑的海上飘到远方
林木枯黄的岸边;请看
我们高高隆起的南国的
这个幸福的撒谎时刻
已经破晓。

(1916)

地 铁

柔软的颤栗。早期的开花。仿佛
出自温暖的皮毛,它从林中来。
一阵红色涌起。大量血液升上来。

陌生女人来了整个春天。
那就是脚背上的袜。但它终止的地方
离我很远。我坐在枕木上啜泣:
冷淡的繁荣,陌生的潮湿。

啊,她的嘴怎样挥霍冷淡的空气!
你玫瑰的头脑,海的血,你众神的微光,
你地之床,你的臀部多么沉着地
流出了你走路的步伐!

黑暗，它现今就住在她的衣袍下面：
只有白色的动物，松垮垮的，和沉默的气味。

一只倒霉的恼狗，沉甸甸地挂着上帝。
我腻烦了前额。啊，一个扎花串的
框架悄悄替换了它
同时膨胀起来，战栗着，往下滴。

如此孤单。如此疲倦。我想游荡。
道路都已失血。从花园传来的歌曲。
影子和洪水。遥远的幸福：一次
掉进海洋的免罪的深蓝中的死。

（1922）

迷失的我[①]

迷失的我，被炸离了同温层，
离子的牺牲品——：伽玛—射线—羔羊——
粒子和场——：你圣母院灰石上的
无限性怪物。

日子于你无夜无晨地流逝，
年岁无雪无果地持续
无限吓人地隐藏着——
遁逃薮似的世界啊。

你终止处，你蜷伏处，你的界限

[①] 选自《欧洲现代十大流派诗选》（上海文艺出版社 1991 年 12 月版）。

扩展到的地方——损失,收益——:
一场野兽的游戏:永恒,
你向永恒的栅栏逃去。

野兽的目光:星辰即可吞咽的脏腑,
弱肉强食即生存与创造之理由,
噫,民族大屠杀,卡塔劳尼古战场①
落入了猛兽的咽喉。

世界在胡思乱想。而空间与时间
以及人类所织造和尝试的一切,
只是无限性的机能——
神话撒了谎。

从何处来,到何处去——不是夜,不是晨,
没有酒神颂歌,没有安魂曲,
你想为自己借一句提词——
可是向谁去借?

啊,人人倾向于一个中心
连思想家都只想到了上帝,
于是他们分成了牧人和羔羊,
如果圣杯里的血把他们洗净了,

而人人都从那一个伤口流出来,
掰开了那每人尝过的面包——

---

① 位于法国香班尼附近。公元四五一年高卢各族在罗马元师艾修斯率领下打败匈奴可汗阿蒂拉。

哦遥远的逼近的充实的时刻
它一度甚至包含着迷失的我。

格奥尔格·海姆[*]

你的睫毛,长长的……

(致希尔德加德·K)

你的睫毛,长长的,
你眼睛的一汪黑泉,
让我沉进里面去吧,
让我投入它的深处。

矿工降到了矿坑
摇晃着他的昏灯
摇过矿苗之门,
高高照在影墙之上。

看吧,我降了下来,
在你的怀里忘却,
远处,远离上面隆隆声,
是光明是痛苦是白昼。

在田野的边缘

---

[*] 格奥尔格·海姆(Georg Heym,1887—1912),德国诗人,表现主义运动的创始人之一。受波德莱尔诗风的影响,著有《永恒的日子》,因援救友人脱离薄冰而溺死。

(风停留着,醉于谷粒),
丛生着高大的荆棘,高大而萎靡
反衬着天空的蔚蓝。

把手给我吧,
我们愿意生长在一起,
做一阵风的猎获物,
又如孤单鸟群飞翔。

到夏天去倾听
微弱雷雨的管风琴,
在秋光中且沐于
蓝色白昼的岸边。

有时我们愿意站
在暗井的边缘,
去观看寂静的深处,
去寻找我们的爱情。

或者我们走出去
走出金色林子的阴影,
硕然出现在轻抹着
你的额头的晚霞中。

神圣的忧郁,
永恒之爱的沉默,
举起杯来,
请痛饮睡眠。

有一天到了终点，
带黄斑的大海
悄悄地涌进了
九月的港湾。

到上面去休息，
在干渴的花朵的房子里，
下面在岩石上有
风在歌唱和哆嗦。

但从高耸到永恒蓝色中的
白杨已经落下了
一片褐黄的叶子，
正落在你的颈子上。

(1911)

下 午

秋日的白杨
在路旁
冻得发抖。
两个孩子
和两个妇人
背着枯柴
从林中走来
走上空荡荡的大街。

一股疾风

追着叶片，
一直追下去，
而每刮一阵
便刮走成百叶片
黄的和红的，
它们落到地面
从暗淡无光的天空
如死去的飞鸟。

(1911)

战　争[①]

他[②]睡了很久，站起来了，
从深深的地窖下面站起来了。
他站在薄暮里庞大而陌生，
他把月亮闷死在黑色的手心。

在城市的晚噪里大杀大砍，
一个异邦之夜的冷冻和阴暗。
市场的圆形旋涡凝结成冰。
变得寂静。它们环顾。无人知情。

在胡同里轻轻抓住它们的肩。
一个问题。没有答案。变白了一张脸。
远方一阵钟声低微地嗡响，
胡须颤抖在它们的尖下巴边上。

---

① 选自《欧洲现代十大流派诗选》(上海文艺出版社1991年12月版)。
② "他"指战争。

他已经在山上开始舞蹈,
他大喊道:战士们前进,瞄准目标!
他摇晃着黑头,头周围悬挂
千个骷髅串起的环链,一片哗哗。

他塔一般走出了最后的火光,
那里白昼飞逝,河流充满血浆。
芦苇里伸躺着无数尸身,
白茫茫覆盖了一片死之猛禽。

夜间他越过田野把火追赶,
那一只张嘴狂吠的红犬。
夜的黑世界跳出了黑暗,
可怕的火山照亮了这世界的边缘。

阴郁的平原闪烁地布满了
成千上万高高的尖顶军帽,
下面街道上蜂拥着逃亡的人群,
他冲进了烈焰呼啸的火林。

烈焰把树林一座座吞没,
敏捷地抠着簇叶,那黄色的蝙蝠,
他像烧炭工一样挥舞棍棒,
挥进了树丛,于是大火沸沸扬扬。

一座大城沉进了黄烟中央,
无声地投入了深渊的腹腔。
是谁在熊熊燃烧的废墟上庞然屹立,

是他三次将火把摇向了遥远的天际。

被狂风撕碎的云朵反照出
死亡般幽暗的寒冷的废墟，
他到处放火终于把黑夜一扫而光，
沥青和火焰滴下来滴在罪恶的土地上。

夜①

秋雨潺潺
在黑暗中忧伤地
落在灰色的地面。
几株树消失了。
万物远远地
被推进夜的深处。

而庞大的屋群
威胁地耸向了
高空，高高耸进
黑夜的怀抱里
仿佛织出一块黑幕
隐藏着一个古老的秘密。

一列火车隆隆开过下面的铁轨。
煤烟飘过了下面的栅栏。
新铺的道路在雨中

---

① 选自《欧洲现代十大流派诗选》(上海文艺出版社1991年12月版)。

沉默地躺着,动也不动
为路灯守卫着
在飘浮的雾里
有如夜的黄眼睛。

雨潺潺
风飒飒
可怜的树啊。
叶片在颤响。
而在高高的暗处
尖叫着无巢
而漫游的鸟。

情人们站在
门下面
无言而哑默,
互相伸出冷手
来握别,
他们又一次
在黑暗中环顾。

乞丐们
五体投地
爬进他们的洞穴。
火烧着
呼呼响在地窖里。
他们苍老的前额变红了
火舌在上面闪动。

他们围坐着
露出高耸的背脊
和结实的躯干，
用他们的拐杖
拨着火苗
把木头的一端
伸进火里。

在房屋的围篱后面狗
轻轻呜咽着有时
用疲乏的吠声
叩着梦之门。
在暗处什么地方
有一声号泣和悲叹
仿佛孩子们被遗弃
在废屋里。

上面一间顶阁里
一个孔还亮着，
雨水从那里滑过
夜用大氅扫过了
屋顶，并把瞌睡
从凄惨而又潮湿的草垫上
赶走，那里一个病人
靠着墙角坐着，
他用瘦拳头拿着
一支小烛，
这时风刮进室内

烛光闪烁飘荡
直到在风中熄灭。

在一张大床旁，
用长幔包围着，
发生了血案，古老
阴沉而无边无际，
一个黑色身影
摇晃在夜的深处。

被谋杀者的
血淋淋的头颅渐渐发白
凄惨而又古怪，
这时阔嘴的斜月
溜过了天空
在肃杀如秋的年份。

格奥尔格·特拉克尔[*]

出自深渊[①]

有一片落着一阵黑雨的留茬的田地。
有一株孤零零竖着的棕色树。
有一阵围着空茅屋丝丝吹着的风。
这个黄昏多么凄凉。

村落那边
还有瘦小的孤儿在拾些许的落穗。
她的眼睛圆圆地金灿灿地盯着暮色
她的胸怀期待着漂亮的新郎。

在回家的路上
牧人发现甜蜜的身体
腐烂在刺丛里。

---

[*] 格奥尔格·特拉克尔(Georg Trakl,1887—1914),生于萨尔茨堡。在奥军中当过军医。曾在刊物《蒸馏者》上发表作品。与里尔克一起,受过哲学家维特根斯坦的资助。因极度忧郁而酗酒。第一次大战期间,在奥军中奉命照料九十名重伤员,因无能为力而神经失常,服用古柯碱过量而卒。其诗作在德语国家内外均受欢迎。

[①] 原题为拉丁文:De Profundis。初见于《旧约·诗篇》:"主啊,我从深处向你求告……"

我是一个影子远离阴沉的村落
我从林苑的水井里饮着
上帝的沉默。

在我的额头是冰冷的金属。
蜘蛛寻找着我的心。
有一盏灯在我的口中熄灭了。

夜间我发现自己在荒原上，
上面堆满了星星的垃圾和尘埃。
在榛属丛林里
又一次响起了透明的天使。

给孩子埃利斯

埃利斯，当乌鸫在黑林子里叫唤时，
这就是你的死。
你的嘴唇饮着蓝色岩泉的清凉。

当你的额头悄悄流血时，再不要
远古的传奇
和鸟飞的晦涩含义。

但你以轻悄的脚步走进了黑夜，
那里挂满了紫色的葡萄，
而你在蓝色中把手臂挥动得更美。

一片荆棘响了，

在你月亮般的眼睛听到之处。
啊,埃利斯,你死了多久。

你的躯体是个风信子,
一个僧侣在里面蘸着蜡似的手指。
我们的沉默是一个黑洞,

有时从里面走出一个温顺的动物
沉重的棺盖徐徐落下。
在你的太阳穴滴着黑色的露水。

是殒星的最后的金色。

(1913)

晴朗的春天①

一

在流过黄色荒地的小溪旁,
还摇曳着去年枯槁的芦苇。
叮当声奇妙地滑过濛濛一片灰,
有一阵温暖的雾气在飘荡。

草场上柳絮从风中轻轻浮过,
一个士兵梦幻般把悲歌吟唱。
一片草地微弱地飒飒作响,
一个孩子站着轮廓柔和。

---

① 选自《欧洲现代十大流派诗选》(上海文艺出版社 1991 年 12 月版)。

那边的桦树,黑色的刺丛,
在烟雾中溶化成种种形体。
明丽绿色盛开了,其他已凋敝,
蟾蜍们爬过了新生的韭葱。

二

我真爱你,你健壮的洗衣妇。
天河的流水还载着金色负荷。
一条小鱼白晃晃一闪而过;
一个死灰色面容穿过赤杨流去。

花园里钟群轻唱良久,
一只小鸟啁啾如痴如狂。
柔软的新谷疯狂地膨胀,
蜜蜂为辛勤采集而忙碌。

亲爱的,请来看看疲倦的工人!
他的工厂里落进了淡淡一道光线。
林子涌过黄昏苍白而峻严,
蓓蕾时不时欢畅地迸裂出声。

三

变化中的一切看来病恹恹!
小村落周围腾着一股热气;
一个可爱的精灵从枝丛中霎眼示意
使敞开的心灵为之惴惴不安。

一阵勃发的情感徐徐消歇,
未生者照顾着自己的安宁。

情人们容光焕发朝向他们的星辰，
他们的呼吸甜蜜地流过黑夜。

活着的一切好极而又真极；
你且在一块旧石上悄悄活动起来：
真的！我将永远和你们同在。
哦嘴巴！它正在白杨中间颤栗。

童　年①

充满接骨木的果实；童年安宁地住
在蓝色的洞穴里。在消逝的小径上
（现有褐黄的野草沙沙作响）
寂静树枝沉思着；树叶的响声

有如蓝色水流响在岩石间。
山乌的悲鸣是轻柔的。一个牧人
无言地跟随着从秋山滚来的太阳。

一个蓝色的瞬间可充满灵气。
林边出现一只胆怯的野兽，而背景
则是古钟和阴郁村落安息着。

你更加虔敬地知道黑暗岁月的意义。
寂寞的房间里的凉爽和秋天；
而在神圣的蓝色里向前响着闪光的步伐。

---

① 选自《欧洲现代十大流派诗选》（上海文艺出版社1991年12月版）。

一个打开的窗户轻轻嘎吱一响;看见
坡上倾圮的墓园会使人落泪,
记住了讲述过的传说;但心灵多次明亮起来
一想起快乐的人们,黄金般幽暗的春天。

雅可布·范·霍迪斯*

世界末日

帽子从市民的尖头上飞走了。
四方刮着风像在呼喊。
盖屋顶的人跌下来摔成两半,
人们读到,海岸正在涨潮。

暴风雨来了,狂乱的海洋扑向
陆地,要压碎厚实的堤防。
大多数人患了感冒。
火车从桥上翻倒。

早　晨

一阵飓风拔地而起。
打开了铁灰色天空之血红的门。
敲打着塔楼。

---

* 雅可布·范·霍迪斯(Jakob Van Hoddis,1887—1942),本集所收《世界末日》一诗被认为是表现主义诗歌的原型。一九一四年起患精神病,一九四二年被纳粹逮捕,因神经不健全而被处死。

响亮而轻柔地吹过城市的金属平面。

朝阳蒙着煤烟。堤岸上列车轰然如雷。
金色的天使锄从云间锄过。
飓风吹过苍白的城市。
轮船和起重机为污秽的流水惊醒。

忧郁的钟声响在风吹雨打的大教堂里。
你看见许多妇人和少女上工去。
在苍白的光里。放荡了一夜。她们的裙子飘扬着。

肢体为爱而造。
却交给机器和沉闷的劳役。
望进了温柔的光。
在林间温柔的绿色里。
听哪,麻雀在叫。
而在外面的田野上
更欢唱着云雀。

阿尔弗雷德·沃尔芬施泰因[*]

心

心被忘却,躺在我们的胸口,
好久好久!意志欲望中的一粒小石头,
只是有时不知不觉地触摸一下
用反光的凉如水的双手。

孤寂地蜷缩自身如此猥琐,
无益于钢制的金钱宝座,
更无益于大城市的无缝石块,
丰满的心与尖锐的齿轮无法吻合。

一旦走完丧魂落魄的行程,
决不可能从光的环境攀登,
照亮我们四周的决不是天空!
从人的内心迸裂出早晨——

心——狭小如燃烧的太阳,

---

[*] 阿尔弗雷德·沃尔芬施泰因(Alfred Wolfenstein,1888—1945),生于哈雷,后移居布拉格。一九三八年捷克斯洛伐克被占领后,又逃亡巴黎。除诗作外,更以关于表现主义的论著及雪莱、魏尔伦等人诗歌的翻译著称。因精神病逝世。

周围星星命名依照它的光,
小小的心闪耀起来未可限量
从他的人的灵魂的幕帐!

哦前额,带着这颗心的征象,
思想,因它的跳动而深沉鸣响,
心从内部变成强大的统一体!
作为人类节日在宇宙中灿烂辉煌。

合 唱

捏住你们的手指,感觉你们在思想,
轻触如拉提琴,神经健全的歌者,
但心在悸动有如击鼓,
更忧闷的斗士为你们的幸运搏击着。

不希望站起来,倾听万物融化:
用双脚去走山重峦叠的路,
奋力对着地球呼吸,
你们对自身的吹拂残剩着。

繁星般的清凉,灵魂的炽热,
孤独,爱情,——啊两者都感到,
消逝的声音化为声音,
朋友们在幸运中向沙漠挖掘着。

(仿 A 长音阶交响乐第二乐章)

阿尔弗雷德·利希滕施泰因[*]

朦　胧

一个棒小伙子用一座池塘嬉戏。
风在一株树上被俘了。
天空看来懒散而苍白，
仿佛他的化妆品用光了。

歪歪斜斜地拄着长拐杖，
两个瘸子喋喋不休地在田野里跛行。
一个金发诗人也许发了疯。
一匹小马在一位女士身上绊倒了。

窗子上粘着一个胖子。
一位少年想探访一位温柔女子。
一个灰溜溜的小丑穿上了靴子。
一辆儿童车叫喊起来，狗在咒骂。

---

[*] 阿尔弗雷德·利希滕施泰因（Alfred Lichtenstein, 1889—1914），第一次大战期间在巴伐利亚军团服役，一年后阵亡。表现主义代表诗人，诗风受霍迪斯影响。本集所收《朦胧》一诗共十二行，包括十二个互不相关的意象。

早　晨

……于是所有街道平滑而灿烂地躺在那儿。
偶尔只有一名壮汉从上面匆匆走过。
一个时髦的姑娘同爸爸大吵大闹。
一个面包师有时歇下来望望晴朗的天空。

死去的太阳悬挂在房屋上面,又宽又厚。
四个胖妇人在一家酒吧门口尖嗓高叫。
一个马车夫跌倒下来,摔断了脖子。
一切都明亮、健康、清楚到令人厌烦。

一位慧眼先生疯疯癫癫滑行着,充满黑暗,
一个奄奄一息的上帝……在这个他所忘却
或许不曾注意的景象中——嘟哝着什么。
　死了。又笑了。
梦见了中风,半身不遂,骨疽。

(1913)

鲁道尔夫·莱昂哈德[*]

亡故的李卜克内西

他的遗体停在整个城市
在所有庭院,在所有街坊。
所有房间
因他流血而惨淡无光。

工厂汽笛恫吓般
发出长鸣,
无休无止而又
深沉地嚎过全城。

明亮的
倔强的牙齿
微微闪耀,
他的遗体开始
飘然而笑。

---

[*] 鲁道尔夫·莱昂哈德(Rudolf Leonhard, 1889—1953),第一次大战后站在社会主义立场,拥护卡尔·李卜克内西。在政治刊物《世界论坛》上发表评论,引人注意。第三帝国期间移居法国。一九五〇年以后定居于东德。

蒙古人的髑髅

一个蒙古人的髑髅
被榴弹片打落,躺在堑壕边上。
眼帘不再盖住那白色的眼珠,
但从发黄的嘴唇可见枯干的牙齿露出。
一个士兵把它带回了故乡。

他把它拿给一个少女看,
她扑了过去,俯身向前,
疯狂地把它从那人夺过来。
她用一个丝枕安放这黄色的头盖。

它为许多白衣妇女抬着走
穿过人声嘈杂的街巷。
孩子们向前挤,堵住了车辆。
人们沉默着,都想拢去看个够。

缓慢的行列悠扬唱出
一支歌曲:
"想当年目光炯炯,有血有肉,
知行兼备,音容宛在,死去的额头!
而今虽未化为尘埃,但枯发稀松,
白骨一团,不如粪土,一个可怜虫!"

轻声歌唱的人们面前耸立着市议会的钟楼。
一个女人跳上前去,摇散了淡色的头发,

吻着死去的头颅那宽大的嘴巴，
吻遍了额头和眼窝。
众人呼声四起，此起彼落。
上面警钟狂鸣，令人心弦紧扣。

卡尔·奥滕[*]

心的登极

起搏你的心吧,兄弟,
那朝霞的书册,兄弟
那新时代,兄弟
那恐惧的外套,兄弟
那知识的眼睛,兄弟!

通过你那为暗杀所祝福的双手
你的心看见了光照:
它们苍白悲哀枉然搓擦
被亵渎的肉体之耻辱的皮垢。
圣洁! 圣洁! 圣洁!
不可言说,你的雪翼
扑向你灵感的呼吸
你那发出死前喉音的胸脯——
人类啊!

---

[*] 卡尔·奥滕(Karl Otten,1889—1963),一九一八年起从事自由写作。一九三三年移居英国。一九四四年双目失明。早年从事表现主义诗歌创作,在刊物《行动》上发表《心的登极》等诗。

工　人！

工人！我呼唤把自己焊在轮子上、车床上、锄头上、斧头上、
　　锄头上的
无光的普罗米修斯！
你有嘶哑的声音，粗野的嘴。
你是充满汗液、伤口、煤烟和污秽的人
你不得不服从。
我不想问你们，你们干的哪一行，
目的何在，是不是公正，报酬好不好，
一般说，工资能不能与你们凄惨的劳动相称。
一般说，金钱究竟是表示还是掩饰
这种劳动意味深长地无愧于一项报酬的价值。
多年来这个夜晚长久持续着最黑暗的凄惨
它在我们缄默的嘴巴面前掀起了它潮湿的衣衫。
我看不见，你们是不是羞红了脸。
没有人看得见你们的心。
你们无论如何无论如何知道
你们只是数字！
哪里都一样：在工厂在监狱在病院在营盘在墓地
你们只是为了总数的统计，涨落和停顿
在每张报纸上都可以读到。
你们的孩子，你们的妻子，你们的父母姊妹和兄弟都一样，
人们在统计数字上看见你们越过越好：
人们从工会听说你们更加自由了
人们在旗帜和音乐上注意到你们满足了
人们从你们的衣料、你们妻子的鞋子感到你们很勤快。

你听懂了我吗？在内心,在最后的深坑里
你醒着,不满,彻悟,反抗。
你的血液深处感到惩罚和数字压力的痛苦。
像一个天使,说不出地生疏而又难以形容,
你忍受着这种意味深长的奴役的哑迷。
工人,无产者,工厂、后院、电影院的儿子!
你靠马铃薯和面包为生,十二个人住两间小房,
那狭小的天空为嫉妒和殴打弄得昏暗
你野兽般凶恶地力图报复
你梦见分配,梦见大海,梦见阿尔卑斯山,梦见帝国的宫殿
　　和花园
你渴望得到灿烂的灯,镜子,卷发,安乐椅和女人——
你等待那一天！光！复仇！到那天把一切补偿回来：
以眼还眼,以牙还牙！
它将辉煌地升起,那教堂尖顶上面壮丽而永恒的太阳
你们的胜利欢呼将淹没最沉浊的垂死喘息！
你们有你们的纲领你们有你们的预言家胜利就是你们的！
它一定会到来因为它指日可待！
指日可待！而我听见你们的脚步
几千年来轰响在机器周围
它对任何祈祷任何恳求充耳不闻。
你们沉默着等待接受拷刑。

正如心脏不断衰弱地悸动
年复一年被束缚着流逝
活塞杆按着轮子的节拍敲打着
这时你们快乐地跟着流大汗。

这时呼呼作响的机器的舞蹈
催你们入睡了,把你们旋紧了
铁火金神在你们的心中
开动了它们。它正是你们所信仰的神。

你们愿意并将会以报纸数字和战争
造出它来,那同一个神
它现在正以血污的面孔屠杀火灾
以钱袋勋章胜利使人类痛苦不堪。
眼见得,哦或许就在今天早晨
你们睁开双眼,血淋淋地苏醒过来
心的最后残余,嫌恶的战利品
从你们的喉头呕出来,可怕的苏醒啊!

我呼唤你烟雾弥漫的苦工船的儿子
我发现你在这恐怖之岛上面
在血海愁海火海之中
在阵亡者最后的呼号
在母亲新娘乳儿的呼号
在被射击者燃烧者中毒者
被掩埋者被粉碎者
由于恐惧饥饿毒药而疯狂者的
诅咒哭喊祈求谵语
所组成的暴风雨里——
你跟我一样是人!
你应当思考也能够思考!
你必须担保每一次杠杆的重压
每一次锤击,你多赚的每一个格鲁申,

你扔出来的用谎言骂出来的每一个字!
你要知道你有责任
做人做地球的居民,有一个灵魂,一颗心!
你的心使你对人类承担了义务。
所有心中的
所有痛苦都出自你的心。
你的心以相同的跳动与所有的心相连。
你的心激动调解诅咒击打着致命伤
快把它从机器的胸膛从铁丝网撕开
赶快吧,血在流,在流,快得仿佛
死亡正走近你。你能拯救全人类!
你是人类的儿子,所有主子谄媚地舔着你的胼胝,
光能不能透进这凶杀的血海
取决于你的心你的善良你的存在
仅仅取决于你啊
你女仆之子,你基督的兄弟!
你的目标你的胜利你的幸运就在里面!
就在心里面,就在就在! 你的心跳得那么真实,
只有心才能够
赢得向你宣布的这场战斗。
你的心就是那颗为枪弹锐利凿穿的心
谁具有它都无关紧要:它受苦担忧
希望歌唱变得渺小而可怜
那是一个人的心你的兄弟的心啊。

人们给你面包金钱工作和许诺——
我把你的心给你!
相信你的心,相信你的感觉,相信你的善良,相信善良,相

信正义!
相信它必须相信一种感官,
必须相信善良的永恒性,
必须相信人类,你就是它的心。
只有善良,只有爱情,温顺
只有对于真理的顽强不屈的意志
只有最后说出人的感觉说出
没有什么比真理更使人幸福的强项决心才能胜利。
做人的兄弟吧! 做人吧! 做心吧! 工人!

恩斯特·威廉·洛茨*

我点燃了煤气灯……

我点燃了煤气灯。
令人目眩的惊叹在四壁回响。
我感觉自己瘦弱地站在中央,
我的双手抽搐在口袋里,
一定把这一切尽收眼底:

墙壁隆起,为轰鸣所膨胀:
千年巨擘的筵宴轰鸣在它们侧面,
从哈雷卢雅①的幽灵吸引音乐般的概念!
我看见自己在里面渺小地泅游而上
连同微细的呻吟和痉挛
由于这汹涌澎湃的声浪
以及这得意扬扬震荡的云战!

哦上帝强加于人的作品!

---

* 恩斯特·威廉·洛茨(Ernst Wilhelm Lotz,1890—1914),十七岁在斯特拉斯堡服兵役,第一次大战期间阵亡于西线。
① 哈雷卢雅,希伯来语,赞美上帝的呼声。

一道纤细的笔触使我迸散而盲目
以欢畅的疾风与颓软的强劲!

我的心胸愤慨于这躁急的生存。
我从四壁将空气深深吸饮
——这潮水,这炽烈!——
它们随着咳嗽和呕吐从我身中涌出:
血!血!

沉入了冰雪吹过的黑夜。
并知道,死亡从下面伸出了双臂。——
跳跃的马蹄与肉体和显赫的华丽
与权势之一阵咆哮在我身上倾泻!

我们找到了光辉

我们找到了光辉,找到了一个海,工厂和我们自己。
向晚,一柄镰刀在我们窗前歌唱。
我们提高了我们的声音,
我们手牵手旅行。
亲吻错误地高飞
到你的头发,那早晨明丽的庆典
并把成熟的疯狂刺入了我的血。
于是我们常在蜿蜒的泉水边口渴,
钟楼钢硬般吹拂在土地上。
而我们的腿,髋,猛兽似的腰
冲过了因气息而发绿的地带。

瓦尔特·哈森克勒弗尔[*]

诗

如果死亡
吞没了音乐:
我们会认识自己吗?
你可住
在有人的房间里?
海里升起了岛屿,
一个与我们相关的生命。
鸟儿飞上天。
不要哭!

月亮。
羚羊在叫唤。
盖满雪的山谷的荒凉。
看吧,我在变,

---

[*] 瓦尔特·哈森克勒弗尔(Walter Hasenclever, 1890—1940),一九一四年以志愿人员身份参战,受伤后成为和平主义者。与表现主义作家库尔特·品图斯和弗朗茨·韦费尔相善。一九三三以后四处流亡。德军进驻法国时自杀。除诗作外,还有剧本《儿子》《拯救者》《安提戈涅》等。

一个懂爱的人。
一颗充满希望的心
找到了我。

你在哪里？
一颗星坠落了。
你的脸！
你在这里！

如果你干了酒杯，
那边有
白燕在饮水：
别忘了眼泪，
别忘了你梦想的吻，
在死者的天上。
你被爱着啊！

悼一个女人的死

当你俯身在天空的边缘，
夏天落尽了叶子：
我们落伍了，
我们张开眼睛，
我们看见你永恒的形象。
那么你知道了一切，
眼泪和希望，
苦难的世界，幸福的世界。
被拯救的灵魂，被钟爱的灵魂，

我们的姊妹,
家乡就在这里!

弗朗茨·韦费尔[*]

泪 水

在狂乱的咖啡馆之无鸟的天空下
我们常常坐着,当忧郁的时辰浮响开来!
当音乐的理想疾速地拍击着
像海鸥一样
紧紧从我们耳旁擦过。
没有什么地方,可以在墙壁里挤出空间来。

异国的植物开花开得更浓艳了。
你闭上了眼睛,两极的冰块
就会互相撞击,
于是古老的狭湾啜泣起来。

敞开你的胸怀!发生了什么?张开眼睛吧!
是什么打碎了骚乱?是什么喝令旋流停止?
那边桌旁坐着黑服的女士,

---

[*] 弗朗茨·韦费尔(Franz Werfel,1890—1945),生于布拉格,青年时期在出版社当过校对。被认为是二十年代卓越的表现主义诗人。后以小说和剧作获国际声誉。一九三八年移居法国,一九四〇年定居美国。晚年诗风由激昂变为凝重。

突然间发出响声
是小姐用双手捂着脸哭泣。

孤单的一切相互撞击着。
而哭泣的声音必然变成法律。
人们都站着哭泣,
庄严地涌流着,
连侍者手里的盘子都在颤动。

我们这些碎片,在哭泣中都变成容器。
谁懂得眼泪,谁就知道集体为何物。
我们是海洋,兄弟,我们航行着
永远航行着
我们在心的大洋之上划着。

寂寞者的痛苦,你不朽的孩子,
我们的泪水流淌着,这神性的芬芳的血液。
啊哈,我们用泪水浇灌着
伊甸园的甜菜,
兄弟姐妹们,我们的乐土变肥沃了。

歌

有一回有一回——
我们是纯洁的。
卑微地坐在一块界石上
和许多可亲的老太太在一起。
我们惯于仰望天空,

当死者无忧无虑的坟场前面
吹来一阵风中的微风。
望着一扇半倒的门,
野蜂在山楂丛里嗡叫,
一个蟋蟀之夜涨破了耳鼓。
一个少女在编织一个白色花环,
我们感到了死亡和一阵甜蜜的痛楚,
我们的眼睛于是全变蓝了——
我们在地球之上,在上帝的心里。
我们的声音没有性别地唱了起来,
我们的身体纯洁而公正。
睡眠把我们带过绿色的走廊——
我们安息在爱情那神圣的交织物之上,
时间如彼岸,变化而悠长。

(1920)

我做了一件好事①

心儿啊,欢呼吧!
我做了一件好事。
而今我不再孤单了。
一个人活着,
一个人便永生,
眼睛为他而潮湿。
他想到了我。
心儿啊,欢呼吧!

---

① 选自《欧洲现代十大流派诗选》(上海文艺出版社 1991 年 12 月版)。

我不再、不再孤单了，
因为我做了一件好事，
欢呼吧，心儿啊！

叹息的日子有个尽头。
我想做上千件好事！
我感觉到
一切多么爱我，
因为我爱一切！
我充满认识的喜悦奔腾而去！
你，我最后的、最甜的、
最明亮、最纯洁、最率真的感觉：
深情厚意！
我想做上千件好事。

最美妙的满足
将属于我：
无任感激！
对世界无任感激，
静物
投入了我的怀抱。
静物，
我在一个充实的时辰将它们
像乖巧动物一样抚摸过的
静物啊。

我的写字台嘎嘎作响，
我知道，它将拥抱我。

钢琴试着奏出我心爱的歌曲，
所有音弦神秘而
笨拙地响在一起。
我读的书
自动翻开了页子。

我做了一件好事！

有一天我会漫游绿色的自然，
那时树林和
缠绕植物将追踪我，
野草和花朵
将接待我，
探索的根须围绕着我。
柔软的枝条
紧紧捆住了我，
叶片潺潺流过我身上，
润滑得像一道细小
稀薄的瀑布。

许多手在抓我，
许多绿色的手，
四周全构筑着
爱与美妙——
我被俘虏了。

我做了一件好事，
我充满喜悦和善意

不再孤单了,

不再、不再孤单了。

欢呼吧,心儿啊!

微笑呼吸跨步[①]

你吸引,你占有,捧住

微笑的千条波浪在你手!

微笑,极乐的湿润延伸到

整个脸上。

微笑不是皱纹,

微笑是光的本质。

光穿过空间,可它不是光。

太阳不是光,

只有在人脸上

光才作为微笑诞生了。

从发响的、轻易不朽的大门,

从眼睛的大门

第一次涌出了春天!那上天的浪花,

微笑的从不炽热的火焰。

在微笑的雨焰里冲洗旧手吧,

你吸引,你占有,捧住吧!

你窃听,你倾听,听吧!

夜里弥漫着呼吸的和音,

呼吸,胸脯的和谐是巨大的。

---

① 选自《欧洲现代十大流派诗选》(上海文艺出版社1991年12月版)。

呼吸浮荡
在忧郁唱诗班的仇恨之上。
呼吸是至高无上气息的本质。
不是潜入
草场、树林和灌木丛的风，
不是使叶片旋舞的吹拂……
神的气息将诞生在人的呼吸之中。
从嘴唇，那沉重的、
下垂的、阴暗的、不朽的大门，
有神的气息吹出来感化世界。
在呼吸的风海之上那夜间
满载无尽话语的独木舟开始
在微醉中鼓起了帆。
你窃听，你倾听，听吧！

沉下去，跪下去，哭泣吧！
看爱人纤尘不染地消失了的脚步！
摇摆下去，渐渐变成跨步！
跨步把
一切引向纯粹，引向平凡。
跨步胜似跑和走，
向上向前的星光灿烂的天体，
胜似空间的一千倍充溢。
在人的跨步中诞生了自由的轨道。
随着人的跨步从
一切心和大门走出了神的妩媚和风采。
微笑，呼吸和跨步
胜似光、风、星星的轨道。

世界在人身上开始。
在爱人的微笑、呼吸、跨步里淹死吧!
哭泣吧,跪下去,沉下去!

伊凡·戈尔[*]

电

蓝色的舞台设计家爬上了埃菲塔的阶梯
挂起了
月亮
香水的商标
和理发师的招牌——
但世界闪耀得更远
铜流溅下了山坡
罗讷河[①]
勃朗峰[②]
火星
电波流过金黄色的夜
我们头上的圆盘
火车站的笑

---

[*] 伊凡·戈尔（Yvan Goll, 1891—1950），生于法国圣蒂。以法语和德语两种语言写作。第一次大战期间，在瑞士建立莱茵出版社，出版乔伊斯的《尤利西斯》的德译本。后期为表现主义代表诗人，散文作品亦甚丰。著名作品为《巴拿马运河》，收入本集中。一九三九年移居美国，创办刊物《半球》。卒于白血病。

[①] 罗讷河从瑞士经法国流入地中海。

[②] 勃朗峰为欧洲阿尔卑斯山最高峰。

林荫道的珍珠项链

而静倚在公园菩提树旁的是

自然小姐

我的新娘

巴拿马运河
(1918 年后稿)

一

原始森林的世纪仍躺在海洋中间。海湾和小浦被裁剪出金色的锯齿。瀑布以坚硬的榔头击碎了支拄着的岩石。

树木到肉感的正午肿胀起来。它们长着欲望的红色花斑。毒芹鼓着泡沫,在高茎上嘶嘶作响。瘦弱的攀藤披散头发舞蹈着。

鹦鹉像绿色和蓝色的灯笼掠过了丛林的夜。犀牛深掘着肥壮的荆棘。老虎从河流地段友好地向它走来。

太阳火热地旋转在金色天空像一匹旋转木马。生命千姿百态而又永恒。而在死亡似乎腐朽的地方:新的生命以双倍的光辉萌发出来。

古老的世纪仍躺在地球上的人们中间。

二

漫长的缓慢的工人队伍来了。移居者和被流放者。他们来斗争,来与饥馑作斗争。

人们带着喘息的痛苦而来,敲着吓唬人的金属钟。

他们扬起双臂有如诅咒,撕裂着天空,为他们赤裸的肩膀而愤怒。

他们的血渗进了土块。多少个瘦弱的儿童,多少个夜晚,充满惊恐,浪费在这样的日子里!

拳头如火炬升起。四处呼喊的头颅。挺起的躯干。这是劳动。这是灾祸。这是仇恨。

西班牙人曾经这样辗转在拷刑桩上。黑人曾经这样弓着腰跪了下来。

但这是现代的工人队伍。这是神圣的、受难的无产者。

他们住在茅棚里和小板屋里精疲力尽。煎鱼的气味和烧酒的臭味弥漫着。木头床铺紧挨着像墓地的棺椁。

星期天一架手风琴怀念着意大利或者好望角。每一颗患病的心为一千颗另外的心而呜咽不止。

他们用沉重的羞怯的脚步跳在一起。他们想抚摸一下明天一定会在斧子下面呼号的地球。然后他们啜饮五分钱的草莓冰淇琳。

接着又来了劳动的百日。

三

他们把地球变成了一张病床。猩红热从峡谷蔓延开来。蚊云围着太阳旋转。

再没有树木沙沙作响。再没有花星开放在这黏土地狱里。再没有雀鸟跳荡在失去的天空。

到处是痛楚。到处是瓦砾和硫磺。到处是叫喊和辱骂。

土丘经炸药一炸就裂开了胸膛。从滴水的深坑里汽笛有如狼嚎。挖土机和起重机把海洋挖起。

人们死在这无尽头的墓地。他们处处死于同一种痛苦。

成年人向上帝发出狂呼，他们挺立着如金色的圆柱。可怜的苍白的儿童远离妇女，仿佛他们要以那么多苦难来惩罚地球。

他们从全球各地来从事奴役。都是梦见黄金河流的人。都是绝望于饥饿人生的人。

这是些正直的人和真实的人，他们仍然相信命运的同情。也是些无知的蠢材和罪犯，他们把自己的耻辱深深埋进了不幸。

然而，劳动只是遁辞。那一个有二十个抱怨的世代要在心中报复。这一个有患梅毒的母亲要在血液里绞死。

他们都在与地球的斗争中大叫大喊。

四

但是，他们对巴拿马运河一无所知。对无穷无尽的兄弟情谊一无所知。对爱的大门一无所知。

他们对海洋和人类的解放一无所知。对辉煌的精神骚动一无所知。

每个人只看见一个沼泽干掉了。一个树林烧光了。一个湖泊突然沸腾了。一座山岳化为尘埃。

但他真该相信人工的伟大！他竟没有觉察到，一个新海洋的摇篮正在形成。

有一天，水闸将如天使的翅膀一样张开。那时地球将不再呻吟。

她敞开胸脯躺着像母亲平常那样。她躺着束缚于人们的意愿之中。

白色的船只从海洋的浪梯上滑下来。从一千个港口开来的一千艘兄弟船。

有的有唱歌的帆。有的有冒烟的烟囱。船旗啾啾叫着如被捉住的鸟。

一个新的由桅杆组成的原始森林呼呼作响。绳索缠绕有如一面藤网。

太平洋神圣地吻着大西洋的骚动。哦金黄色的东方和西方的昏星举行着婚礼。和平，和平降临兄弟姊妹之间。

人类惊愕地站在地球的中央。从沸腾的城市，从被掩埋的沙漠，从炽烈的冰川发出了敬礼。

世界舰队展现开来。蓝色水兵乐队演奏着。世界各国快乐的旗帜飘扬着。

沉闷的劳动被忘却了。无产者的锹铲被掩埋了。砖瓦工棚被拆除了。

自由的波浪席卷着黑色的工人队伍。他们也是人类有一日之久。

但马上又有新饥馑的险兆。载有沉重谷物和油类的商船将让他们赤贫地站在岸上。

马上又是灾祸和仇恨。新管事们又将吆喝人们参加新的劳动。新的奴隶们又将诅咒他们沉重的厄运。

另一天人类又将同古老的地球拼搏起来。

约翰内斯·贝歇尔[*]

新的句法

孟加拉蝴蝶似的形容词
嗡嗡地围着名词高大的长方形建筑回转。
一个桥梁似的分词不得不摆动!摆动!
而放肆的动词则如呼呼作响的飞机盘旋而上。

冠词之舞优雅地跳动着钟摆似的小腿。
镶木地板以吃吃发笑的韵律上下颠簸。
但这时一个纯粹的诗节发出金属的音响
从高吊架上跳了出来。街道弧光灯

的锁链相互裂成碎片。
尽管有神圣的呼语那位花枝招展的夫人。
一个年轻的诗人把自己和主语粘合起来。
钻探着宾词的隧道……命令式

---

[*] 约翰内斯·贝歇尔(Johannes R. Becher,1891—1958),卓越的现代德语诗人之一,后期表现主义代表诗人。一九三五至一九四五年间居留莫斯科。第二次大战后回民主德国任文化部长。晚年诗风转变,本集所收为其表现主义时期二首。

笔直向上飞升。反复舔着句子的离奇风景
七只长管大号吹奏着。云层低垂。
蓝色流动着。装甲的山峦挤过来。
于是我们在五月的超级世界的光华里开花了。

（1916）

绝望的岛屿

:——我岩石溃疡多么渴望大海啊，
我可以在里面潜游着沉下去。
在我的背上人们大量流着血。
但我极其爱好龙胆的深处：
那魔术般的珊瑚礼物的宫殿。

我脱离了陆地，一只船似的向前划动，
穿过太空那青铜色的暴风雨……啊越来越近！
我的肌肉开了花。关节响起来。
星辰天使一样围着我旋转。——
我可以轻巧地转一个永恒之舞。

口里的硫磺烟雾呈带状涌出，
铺展开来——多么甜！——飘散开去！！！
照壁闪闪发亮如光之阳台。
眼睛的陷坑是最纯净的故乡湖。

我被拖向了仁慈的河流，
那里动物称赞着人。而人在人身上焚毁。
在我的光华里生物沐浴着。
它们互称兄弟……！！！

灰烬在我心头燃烧[1]

灰烬在我心头燃烧
我知道我已经知道
于是放弃了祭品。
我可没有动过手,
只是偶尔有所感触,
我们曾经——都是人。

灰烬燃烧在我心头
我仰首向上苍祈求,
许我承认我清白无辜。
祭品的名称已被叫出,
让我的心为羞耻烧糊,
它深深烙入我的肌肤。

忧　郁[2]

忧郁,你低沉的歌女,
你,你的声音低沉地把我变蓝;
你是从童年就信赖我的
女伴,你是在每次荒唐中

安慰我的人,你圣洁的安慰者,
你,在使我白头的寂寞中,

---

[1] 中译来自手稿。
[2] 中译来自手稿。

是唯一留在我身边并在我身上
用她的声音唱最后一支歌的人……

你,使我浑身战栗者!你,我的悬浮!
是怎么回事,你,我的变化多端的生活,
却始终不渝,毫无改变?

只有她一直存在于时间的变化中:
那悲歌,那不可言说的哀愁……
哦诗的元音:忧郁!

艰难的道路①

这是一条路。这条路很难走。
还没人走过这条路。
附带还有一个不安的问题:
"我们在这条路上走得回家吗?"

于是有人停下来思考
并且沿路望去,这艰难的漫长的路,
接着他又坚定地走下去,
迫于一个不安的对家的渴望。

常常仿佛路在我们中间消失,
我们亲自使这条路变得困难,
当我们绝望地悲叹:没有路了——

---

① 中译来自手稿。

但我们又看见前面有伙伴
还仿佛有旗帜在招展……
路是艰难的。只有这一条。

雷雨中间[①]

我从你离去
只有一个愿望，
你不久把我忘却。
我的幸福原是和你靠近。
而今我离去，走开
直到你远远从我消失。
我看见你在消失中
用眼睛像用盲人的眼睛。
你再也看不见了。
随着影子消逝的
是一切美好的时刻——
流逝了，吹散了像不曾发生。

也许在别的时间里
我们有所准备，
这样一次分手不会
如此悲伤和痛苦。
我们现在站在向我们
迎面砸下来的雷雨中间。

---

① 中译来自手稿。

内利·萨克斯[*]

在蔚蓝色的远方

在蔚蓝色的远方
红色的苹果树林荫小路
以攀向天空的根脚漫游着，
憧憬被蒸馏出来
为着住在山谷里的一切。

太阳躺在路边
以魔杖
令过客们驻足。

他们逗留在
玻璃做的梦魇里，
那时蟋蟀轻轻搔着
看不见的东西

---

[*] 内利·萨克斯（Nelly Sachs，1891—1970），德国犹太女诗人，一九六六年获诺贝尔文学奖。自幼写诗，但到第二次大战以后始以反映犹太人悲惨命运的诗作和诗剧而知名。一九四○年即将为粹纳集中营传唤之际，由于瑞典著名女作家塞尔玛·拉格洛夫的干预而获救，并随后者去瑞典，晚年在斯德哥尔摩。作品有《在死者的住宅里》《艾莉》《驶向无尘地带》《寻找活人》等。

而石头舞蹈着把它的
粉末变成了音乐。

梦游者

在自己星辰上面兜圈子的
梦游者给
早晨的白羽
拂醒了——
上面的血迹使他记起——
让月亮
惊慌地落下了——
白浆果给
夜的黑玛瑙撞破了——
给梦弄脏了——

世上没有纯白——

库特·海尼克[*]

格西马尼[①]

所有人都是救世主。
我们在阴暗的花园里饮着圣餐杯。
父亲,别错过了它。
我们都是一种爱。
我们都是深重的苦难。
人人都要拯救自己。
父亲,你的世界就是我们的十字架。
可别错过了它。

人

我在森林之上,
翠绿而明亮,
高于一切之上,
我,人。

---

[*] 库特·海尼克(Kurt Heynicke,生于1891,卒年不详),表现主义诗人,剧评家。诗集有《星星四散》《无名的脸》等。
[①] 格西马尼,耶路撒冷附近的花园,耶稣被囚禁处。

我是一切中的圆，
炽热的运动，
被负荷的负荷。
我是环行者中间的太阳，
我，人，
我深深感觉自身，
接近高级的一切——环行者，
我，它的思想。
我的头披星如叶，
我的脸银白，
我放光，
我，
像它
那一切：
一切，
像我！

格特鲁德·科尔玛[*]

……从黑暗中来

我,一个女人,从黑暗中来。
我抱着一个孩子,不知道是谁的;
从前我是知道的。
而今我再没有一个男人……
我身后的一切像河床向下沉,
为土地所啜饮。
我向前走着走着。
因为我想在白昼以前进山去,而星星已经消失。

我从黑暗中来。
我孤单地走过阴郁的街道,
当骤然冲出的光以其利爪撕碎温柔的黑暗,
豹子撕碎牝鹿,
而推得大开的门吐出了刺耳的呼号,狂暴的嗥叫,
　凶猛的咆哮。

---

[*] 格特鲁德·科尔玛(Gertrud Kolmar,生于1894,可能卒于1943年),德国犹太女诗人,以教授外语为业,第一次大战期间在俘虏营任翻译。战后教育聋哑儿童。一九四三年被捕,被害时间地点不明。第二次大战以后始有诗集问世。

醉汉在打滚,……
我在路上从衣襟摇着它。

我漫步在荒凉的市场上。
树叶漂在反映月光的水潭里。
瘦弱、饥饿的狗嗅着石头上的垃圾。
果实腐烂了被践踏着,
一个褴褛的老人不断虐待着他可怜的弦琴
用细微的、不和谐的怨音唱着
没有人听。
这些果实曾经成熟在阳光雨露之中,
仍然梦着亲爱花朵的芬芳与欢乐,
但呜咽的乞丐
早已忘却这些,除了饥渴什么也不知道。

在权势者的宫门前我停下来,
当我踏上最低一层台阶时
肉红的斑岩在我的后跟劈啪裂开。——
我转过身来
仰望着空白的窗,思考者的晚烛,
他久久思考,无从解答他的难题,
仰望着病人加罩的小灯,他还不知道
他将怎样死去。
在桥拱下面
两具可怕的骷髅在为金钱争吵。
我把贫穷扬起来作为灰色盾牌掩住脸,
走过去而无任何危险。

远处河水在同堤岸谈话。
我颠踬在顽抗的石头小路上。
碎石、荆棘刺伤了我盲目摸索的双手:
一个洞穴等着我,
它最深的石缝里栖着没有名字的绿乌鸦。
我将走进去,
蜷缩在巨大阴影似的羽翅下面休息。
倾听我孩子喑哑的成长起来的话语
昏昏欲睡,我的额头朝向东方
直到日出。

贝托尔特·布莱希特*

恶面具

我墙上挂着一张日本木刻的
恶魔的面具,涂上了金漆。
我不胜同感地看见
额头肿胀的血管,它意味着
变邪恶也得花力气。

坐一辆舒适汽车旅行

坐一辆舒适汽车旅行
在一条落雨的村路上
黄昏时分我们看见一个衣衫褴褛的人
鞠躬示意,求我们带他一程。
我们有屋顶,我们有空间,我们把车开过去
我们听见我悻悻地说道:不

---

* 贝托尔特·布莱希特(Bertolt Brecht, 1898—1956),杰出的现代德语诗人、剧作家、戏剧理论家。第二次大战期间逃往苏黎世,经布拉格去丹麦和芬兰,后去美国。一九四七年回欧洲,先去端士,后定居民主德国,建立"柏林剧团"。生前发表诗作甚少,死后有诗作九卷问世,在民主德国和联邦德国均受欢迎。

我们不能带任何人。
我们走了很远,也许有一天的行程
这时我忽然吃惊于我的这个声音
我的这个言行和这
整个世界。

浇灌花园

为了鼓舞绿色,浇花园喽!
浇干渴的树!浇个够。可别
忘了灌木丛,还有
不生浆果的,那疲惫的
吝啬者!别忽视
花朵中间的野草,它们也
渴得很。别只浇
新鲜的或烤焦了的草坪:
你还得关心赤裸的土地。

马丽·路易丝·卡施尼茨[*]

只是眼睛

用什么
为我重做洗礼?
用最近便的水
永远神圣的水。
把手放在我头上
给我起最近便的名字
一个无性别的名字
晨风的名字,枞树的名字
为了最后一截路。
随便把我变成什么
只是眼睛给我留下
它们永远睁着
永远有用。

---

[*] 马丽·路易丝·卡施尼茨(Marie Luise Kaschnitz,1901—1974),德语女诗人,小说家,传记作家,广播剧作家。一九六五年出版诗集《什么地方都没有过》,包括大部分诗作。

复 活

有时我们起来
起来有如复活
在光天化日之下
连同我们活泼的头发
连同我们呼吸的皮肤。

只有家常事物围绕我们。
没有棕榈的海市
连同吃草的狮子
和温柔的豺狼。

闹钟不再嘀嗒了
它的发光指针并没有熄灭。

但是,轻轻地
但是,不可伤害地
排列在神秘的秩序中
预先进了光之屋。

威廉·索博[*]

教堂司事在估计

教堂司事在估计
我还能够活多久
像掘墓工人和
墓地管理人一样。
做棺材的也在打主意
对我作出他的估计
像花圈制造者
和碑匠一样。
印刷厂的
黑边讣告
在等候
我的名字。

---

[*] 威廉·索博(Wilhelm Szabo),一九〇一年生于维也纳。诗人兼翻译家,曾将叶赛宁诗作译成德语。

海威希·卡策尔[*]

天黑以前

奶白色天空的血红的球啊——
是谁扔出它来?
是谁在抓它?
是谁在玩血?
是谁渴求天上的奶?

谁能解答哑谜一半
并灭掉他灵魂的光?
谁能在天黑以前,
在他血淋淋的头颅
滚动在金色木屐面前以前
猜出它来——
谁能避免
那黑暗的裁判?

---

[*] 海威希·卡策尔(Hedwig Katscher),一九〇一年生于维也纳。除诗作外,还从事新闻写作。战时在英国。

胡果·胡柏特*

徒 然

黑夜包围了你的窗子；
你从这窗口去望世界。
但只有聋哑人给你
提供解释和答案。
你面前，眼睛对眼睛，
站着一个瞎子。
你热切地呼唤没有名字的人。
断臂者痛苦地
握着你的手。
被锯掉双腿的人
无情地尾追着你——
你的盯梢者啊。

---

* 胡果·胡柏特(Hugo Huppert)，奥地利诗人，一九〇二年生于波兰。除诗作外，并从事评论、翻译和新闻写作。二十年代当过马雅可夫斯基的秘书，曾将他的全集译成德语。战时在苏联。

彼得·胡赫尔[*]

奥德修的坟[①]

没人会发现
奥德修的坟,
没有锄头掘下去
会在石化骨骼的烟雾中
发现硬壳的盔甲。

不要寻找这样的洞穴
在土地下面
拂动的煤烟,只是一个阴影,
为火炬的沥青所销炼,
走向它死去的伴侣,
没有武器的双手伸起来,
溅着被屠杀的羊羔的血。

---

[*] 彼得·胡赫尔(Peter Huchel,生于1903年),第二次大战期间服兵役,为苏军俘虏。后任东德无线电台台长,主编文学刊物《意义与形式》,旋去职。一九七一年移居意大利,后去西德。

[①] 奥德修亦译为俄底修斯。

尘土说,一切是我的,
太阳在沙漠后面的坟,
充满怒涛的暗礁,
无尽的正午,它仍在警告着
来自绮色佳①的海盗之子,
为盐分凿成锯形的舵,
老荷马的
航海地图和日志。

冬窗一瞥

周围雪花旋舞的圆头柳,
扫雾的扫帚。
树木和不幸
一夜间长起来了。
我的弥撒用具
就是体温曲线。

没有光,
没有嘴巴,
谁会在冰上
滑着铁盘到那儿去?

树林的预言家,
坏牙齿的狐狸,

---

① 绮色佳为希腊西海岸爱奥尼亚群岛之一,奥德修的家园。奥德修为荷马史诗《奥德赛》的主人公,在罗马神话中称为尤利西斯。

在暗中坐在一旁，
凝望着火。

恩斯特·舍恩魏泽[*]

一切不过是个映象

在一面镜中,
反映另一面镜的镜中。
反映后面的反映
直至无穷。

一切不过是个梦
在一个梦中,
你梦见
你在做梦的梦中。

直到死亡粉碎了镜
惊醒了做梦的人。

---

[*] 恩斯特·舍恩魏泽(Ernst Schoenwiese,生于1905年),奥地利诗人兼评论家,曾任国际笔会奥地利中心主席。

格奥尔格·毛雷尔[*]

对　话

你把你的罪孽告诉我，
我把我的罪孽告诉你。
我把脸贴在你的胸脯上
说：你永远这样！
你也说：你永远这样！
但太阳带来了白昼。
我永远这样。你也悄声说：
我永远这样。——我们两个精疲力尽地说：
一切是存在的机缘——
为了你！
为了你！

雷翁纳多[①]

雷翁纳多·达·文西

---

[*] 格奥尔格·毛雷尔（Georg Maurer，1907—1971），民主德国著名诗人，莱比锡文学研究所教授。诗风接近荷尔德林和里尔克。除诗作外，著有《诗人及其时代》。
[①] 中译来自手稿。

比起他的钦佩者
更同一个清洁女工合得来
他经过那弯腰妇人身边
飞快走上了
干干净净的台阶
一句招呼也不打。
她直起身来,把赤裸的手臂
叉在腰间,冲他喊道:先生,早!
他却转过身去,
仿佛没有看见她,
这个长着水果女神乳房的
"不值一顾者"正
从眼睑缝隙的阴霾里
笑着看他。
接着那懒洋洋的软腭
　振动起来,频频还礼,
几乎像哭一样,当他走进了
大厅,对他的听众大讲
雷翁纳多,那个女仆之子,说
他的眼睛不漏掉任何东西——
甚至不忽略看不见的气流中
一只麻雀的拍翅。

我们的[①]

那一阵悦耳的沙沙声

---

① 中译来自手稿。

我总听得见。
耳朵不会欺骗我。
那不是风——肯定是它!
那不是树——肯定是它!
那是一番话
——带着光而来——
是一番默默无言的话
被如此充实着
像寂静情侣的诉说。
它一定说了点什么
如同林中的泉眼。
那是草丛中一朵碧蓝
在呼喊:勿忘我!

写给在一场车祸中幸免于难的 R[①]

你的黑发还染着室内的空气,
它就落入了死亡的手掌,
死亡在汽油味道里几乎抓住它。
你的脸歪歪斜斜浮过了空间。
我看见它,就明白生
与非生完全一回事,才大吃一惊。
你的两颊的暗灰色是
这道气流上的一张复印画,
你的眼睛是穿过波浪的
幻影——而你,你自己呢?

---

① 中译来自手稿。

你可曾用象牙和乌木
如此美丽地装扮死亡——并以
这样的呼吸充满你的胸腔
有如在汽车周围扇起的迎面风?
你以你的步伐占据空间,
正如钢琴的音响占据了时间。

沃尔夫冈·魏劳赫[*]

泪水的埃菲尔斯峰

我思慕你啊，
阿拉伯肤色的人。
但我们的平原枯萎了
在蝗虫下面。
我们的云雀在飞行中变成石头。
我们的歌变成了沉默。
一个泪水的埃菲尔斯峰[①]
弄黑了我们的天空。
我思慕你啊，
蛋黄色头发的人。
可你跳进了三角洲
那儿有鳄鱼等候着。

---

[*] 沃尔夫冈·魏劳赫（Wolfgang Weyrauch），生于一九〇七年。第二次大战期间服兵役，为苏军俘虏。后在汉堡任出版社校对。除诗作外，著有短篇小说、评论、广播剧等。

[①] 即珠穆朗玛峰。

埃兹拉·庞德

埃兹拉·庞德,
在意大利城市的中央,
在一个笼子里示众,
他下面是发臭的石头
上面是发臭的被服,
他冻僵了,因为是冬天,
他战栗着,由于漠然
于美国士兵,
他们辱骂他,唾弃他,
隔着栅栏踢打他,
他凝望着皮靴、手枪、制服
的千足虫,
美国千足虫,苏联千足虫,
纳粹千足虫,纳赛尔的千足虫,
没有原因,效果,
没有前提,认识,
错误,驳斥错误的千足虫,
他发臭,冻僵了,战栗着,
想道:你们算走运呀
我没有写诗,
因为我写诗的话,
谁要来打扰我,
我就会杀死他,
可我没有写诗,
我不能写诗,

因为在千足虫的樊篱中,
在辩驳的茧壳里,
我在琢磨,
我是不是犯了错误。

冈特·艾希*

清　单

这是我的帽子，
这是我的大衣，
这儿是我的修面具
放在布包里。

食品罐里：
我的盘子，我的口杯，
我在白铁皮上
刻下了名字。

是用这根昂贵的
钉子刻的，
我把它藏着不让
贪婪的眼睛看见。

面包袋里有

---

* 冈特·艾希（Günter Eich, 1907—1972），著名诗人兼广播剧作家，曾修习法律和汉语。与女诗人伊尔莎·艾兴格结婚。曾获"四七社"奖和毕希纳文学奖。

一双羊毛袜子
和一些我不让人
知道的东西。

夜间我把它
当作枕头用。
在我和地球之间
隔着这层厚纸板。

铅笔芯
是我最爱的：
白天它为我写
夜间我构想的诗。

这是我的笔记簿，
这是我的篷帐布，
这是我的毛巾，
这是我的纱线。

谦恭未免过晚

我们整好了房间
挂好了窗帘，
地窖里有足够的储备
煤炭和油，
在皱纹中间用小药瓶
把死亡藏起来。

从门缝里我们看见世界：
一只被剁掉脑袋的公鸡
在院子里到处跑。

它践踏了我们的希望。
我们在阳台上扯起了被单
表示投降。

马克斯·齐默林[*]

敲　门

在敲门,一下颤栗的敲门声,
仿佛是风把一片叶吹向了窗,
像一滴迷途的太阳雨,
落在你的花园里,落在报纸上。

声音呼唤我是那么踌躇——
目光接待我是那么踌躇:
一个小姑娘走近了台阶,
随时准备溜走,一个苍白的小动物。

刚悄声说出第三个问题,
她就要水喝,因为她渴得很。
我觉得我听见她的心在跳。
"饿吗?"我随便问一声。

孩子的眼睛盯着我详察,

---

[*] 马克斯·齐默林(Max Zimmering,1909—1973),民主德国诗人,著有《时代的尺度》。

是轻视,还是同情的光辉?
"只想喝点水,因为我总挨饿……"
她贪婪地喝干递给她的玻璃杯。

阿弗里德·格斯魏因[*]

凳上的人

凳上的
人
死了

路上的
山乌和
小甲虫
对此
一无
所知

向风中
撒出
一把鸟的
天空
也一无

---

[*] 阿弗里德·格斯魏因(Alfred Gesswein,生于1911年),奥地利诗人,兼文学编辑。

所知

那人
勾着腰
坐在
凳上
不为路人
所觉察

他的尸体
决定
僵硬地
待在那儿
对着过路的
风

而且
对着
天空

格特鲁德·富塞内格尔[*]

文字,这小船

文字,这狭窄的
小船
我一登上就摇晃起来
锚链哗哗直响
舵轧轧不停,驾驶轮
硬不听话

它没把我
送上岸去
倒把我
扔给了
沉默的鱼

后来它沉了
它的遗迹
反映在

---

[*] 格特鲁德·富塞内格尔(Gertrud Fusseneger),奥地利诗人,一九一二年生于捷克斯洛伐克。除诗作外,从事新闻写作和文学编辑工作。

天空
由鸟的飞痕
刻画出来

托玛斯·泽斯勒[*]

无 题

我知道,
它
仿佛
烧进了
我的肉,
它
仿佛
写出来
是用
热的血,
就是深深
留在
我身上的
你的血啊;
我知道,
当夜

---

[*] 托玛斯·泽斯勒(Thomas Sessler,生于1915年),奥地利诗人,新闻工作者。创办托玛斯·泽斯勒出版社。

慈悲地
把你的身体
裹进了
它的阴影之前
我所听见的
那最后一句话。
你呼唤我
要我不顾一切
去宽恕。
我可怎么能够?
既然我猜到
每个正派人
身后都躲着
一个杀人犯,
我就不得不
到处搜寻——妈妈呀——
你的刽子手。

克里斯廷娜·布斯塔*

降临节的雪

没有什么宣布得更轻悄:
　夜间情侣们小声絮叨,
他们相隔很远睡觉,
　一清早发现陌生的
大地变成一个巢
　充满了圣洁的柔毛。

墓志铭

没有什么能使人安静!
把泥土扔进我的嘴,
我将给你唱出草来……

全部真理

我们看见

---

* 克里斯廷娜·布斯塔(Christina Busta,生于1915年),奥地利女诗人,图书馆馆员。诗风接近民歌,多以自然和宗教为题材。

山鸟们
贪婪地撕碎
黄色的番红花

我们听见
黑色的喉头
咽下去
像光。

汉斯·维尔纳·科恩[*]

睡 眠

睡眠:撤退
到阴暗的走廊

直到你突然
跳出了梦之镜
向你自己奔去

于是由于冲撞而醒。

落

一天早晨
他的脸从镜中
落到他手上:

他就让它落下来。

---

[*] 汉斯·维尔纳·科恩(Hans Werner Cohn,生于1916年),诗人兼医生。战前移居英国,以精神疗法为业。第二次大战期间任卫生员。诗集在英国和联邦德国出版。

赖内·布拉姆巴赫*

树

自从我远远在外
住进了居留地的房屋,
从地窖里长起了一棵树
穿过前厅和阁楼,
簇叶像旗子一样
从所有窗户挂出来,

树冠摇晃在
长灰苔的屋顶上。

我无忧无虑地住在枝丫附近。
庭院里腐烂了断株,
仓库里锈坏了锯子。
邻人们奔走相告:
他的屋子跟我们的屋子一样,
可那傻子高兴的是——

---

* 赖内·布拉姆巴赫(Rainer Brambach,生于1917年),园丁,农业工人,五十年代后期以诗闻名。

听哪,他一清早就唱,
到天黑又说又笑!

树还在长。

约翰内斯·博布罗夫斯基[*]

特拉克尔

额头。
棕色的梁。
地板。走向窗的
脚步。
大叶的绿色。符号,
写在桌上的。

断裂的门槛。而且
废弃了。慢慢地
跟着陌生人走
在穴乌的翅翼下面
在草和尘土中
是没有名字的路。

---

[*] 约翰内斯·博布罗夫斯基(Johannes Bobrowski,1917—1965),生于东普鲁士蒂尔西特,幼年移居刻尼希堡。第二次大战服兵役,一九四五到一九四九年在苏联当俘虏。后返民主德国,从事出版工作。晚年成名,诗作成就为德语国家所公认。

异 化

时间
游荡着
穿着幸运
和不幸的
衣装。
在不幸中
以鹳鸟的嘎嘎声
说话的人,鹳鸟
躲避他:他的羽毛
是黑的,他的树木是影子,
是夜了,他的道路
展现在空中。

约翰·伯克*

无 题

桥通向西北方，
玻璃桥，钻石桥，
肉眼看不见的桥：
载负着1,000吨——而且一霎眼。

分秒载走了瞬间。
一眼看出这一点：
一步路，一个拱形的颈，
一次心跳和旷远的天蓝。

一滴水里的花容。
结晶的血滴：
呼口气把花容抛向月亮。
孩子读着像读一个启示。

闪电击向何方？

---

* 约翰·伯克(Johann A. Boeck，生于1917年)，奥地利诗人，小说家，广播剧作家。

诸神已做决定，
像他们一样急切：
去赞赏火焰之舌！

米夏埃尔·古滕布龙内*

回　家

一个浪子
沿着长满草的小路
回到了故乡
回到了它衰败的
奇形怪状面前。
他本想大喊大叫
朝门窗扑过去,
但却跪了下来
在一石之遥处
低声饮泣。

绳子从上向下悬挂着

一千年开始了,
每人都有机会

---

* 米夏埃尔·古滕布龙内(Michael Guttenbrunner,生于1919年),奥地利诗人。三十年代因反纳粹一再被囚禁。一九四〇年服兵役,受重伤。晚年在维也纳从事写作,常以口语入诗。

看见鱼是怎样腌起来
又挂在空中晾干的。
当判词的最后一节消失了，
被打败者
在脖子上给拴上了绳子
地面在脚下继续拉着。
绳子像命令从上面吊下来，
它从上面向下悬挂着像个人。
一千年以前有一天
我被打成捆航向海。
我是肉罐头放在冷舱里
在一艘万吨轮的肚子里。
船名"德洛斯"。①
爱琴海上有海豚在嬉戏。

---

① 德洛斯，系希腊一岛名，神话中是阿波罗的诞生地。

沃尔夫迪特里希·施努雷[*]

诗　节

当鹰隼
以其利爪
攫入鸽子的肉，
一根羽毛落
到世界的嘴里。
它动也不动地挂
在枯焦的嘴唇上
静候呼吸。
呼吸没有来；那
是把羽毛吹走的
晚风。

碎片上的气息

没有雷声，
不是在风的

---

[*] 沃尔夫迪特里希·施努雷（Wolfdietrich Schnurre，生于1920年），诗人，小说家，散文家，评论家。"四七社"基本成员。作品富于黑色幽默，有独特风格。

拳击之下,它吹拂过来:
轻轻的,
在蜂鸟的翅膀上,
柔如蝮蛇
剑齿上的毒,
它出现了,
它显得像
金色的疹子
在纸鸢的片屑上,
在长癞疮的毛皮上,
在皱成蝙蝠皮膜的
太阳穴上:
那温存的惊愕啊。

多丽丝·米林格尔*

无 题

当我还是个孩子
学着走路
走着
走到学校去
走着
走到人生的学校去
如他们所说
从不准到公园
或别的地方去玩——
一天黄昏
月亮是圆的
我爬上窗台,溜进了城
月光照着我
我走着
到处走
到处走,躲避着

---

* 多丽丝·米林格尔(Doris Mühringer,生于1920年),奥地利现代女诗人。

他们所谓的
人生的学校

赫尔穆特·海森比特尔*

那又怎么样

正派人证明是腐败的

老实人证明是告密者

活力证明是萎软

贞节证明是纵欲

清醒者证明有癖好

负责者证明不负责任

大度证明是小气

纪律证明是混乱

爱真话证明是好撒谎

无畏证明是懦怯

正直证明是残酷

肯定生命的人证明是不敢露面的浪子

腐败的人是唯一的正派人

---

* 赫尔穆特·海森比特尔(Helmut Heissenbüttel,生于1921年),一九四一年服兵役期间受重伤。战后修习建筑学、艺术史及德语文学。一九五九年在斯图加特任广播电台编辑。早年诗集《组合》和《风土记》为试验诗的代表作。后出版《教科书》六卷,取消语法和诗韵规则,提倡"具体诗"。除诗作外,著有小说《达朗贝之死》、论著《论文学》《何谓诗的具体性?》《论现代性的传统》等。《那又怎么样》原题名为英语:*So what*。

唯有告密者是老实人
唯有萎软有活力
纵欲是贞节的唯一方式
唯有癖好是清醒的

不负责任的人是唯一的负责者
小气是唯一的大度
只有混乱守纪律
谎话是唯一的真话
只有懦怯是无畏的
只有残酷的人是正直的
不敢露面的浪子是肯定生命的唯一者

谁正派谁就腐败
谁装作老实人谁就告密
谁想显得有活力谁就顾虑萎软
谁想显得贞节谁就在纵欲
谁清醒谁就有癖好
谁愿负责谁就不负责任
谁想显得大度谁就小气
谁守纪律谁就混乱
谁讲真话谁就撒谎
谁无畏谁就是懦夫
谁愿正直谁就残酷
谁肯定生命谁就是不敢露面的浪子

正派得腐败或者腐败得正派
老实的告密或者爱告密的老实

有活力的萎软或者萎软的活力
纵欲的贞节或者贞节的纵欲
因清醒而有癖好或者近乎癖好的清醒
有责任感的不负责任或者不负责任的责任感
大度得小气或者小气的大度
守纪律的混乱或者混乱的纪律
真实的谎话或者撒谎的真实
无畏得懦怯或者懦怯的无畏
正直的残酷或者残酷得正直
不敢露面的肯定生命或者肯定生命到不敢露面

那又怎么样

慰　词

眼前的平原将慢慢变白
无出路的三次元的棱角将卷在一起
脸将把它的健忘紧紧围在肩膀上
哭歪了的嘴唇将起身离去
这就是我们称之为幸福的一切
骚扰者的平盘将无声升起如烟
没有气味的风将伸出它的手

海因里希·埃格尔特[*]

我的仇人

他真讲交情
够称我的仇人
一天三次
诅咒我
每次都很热忱
他从没忘记
在路上绊我跌跤
也从没放过
打心底发出
恶笑

我没有一个朋友
那么关心我
比得上
我的仇人

---

[*] 海因里希·埃格尔特(Heinrich Eggerth),一九二一年生于维也纳,奥地利诗人、小说家、翻译家。

临　别

我们临别
没有留下
我们逗留时
没有留下的东西。
赤裸的树
沿路
巍然而立
枯叶
在沙沙作响。
没人穿过的
门大开着。
光在空窗
照耀
直到没有人
没向任何人
没回答任何话。

埃里希·弗里德[*]

措　施

懒汉被杀了
世界变得勤快

丑八怪被杀了
世界变得美丽

傻瓜被杀了
世界变得聪明

病夫被杀了
世界变得健康

伤心人被杀了
世界变得快乐

---

[*] 埃里希·弗里德(Erich Fried)，奥地利现代诗人，小说家。诗集有《警告诗》(1964)，《越南和……》，《张嘴的自由》(1972)等，长篇小说有《士兵和少女》。一九二一年生。一九三八年，父亲被纳粹杀害后移居英国。从事各种职业，后任英国广播公司德语广播员。曾将莎士比亚及二十世纪英美诗人译成德语。受布莱希特影响，多写政治诗。"四七社"成员。

老头被杀了
世界变得年轻

仇敌被杀了
世界变得友好

恶人被杀了
世界变得善良

恐惧和怀疑

不要怀疑
对你说
他有恐惧的
人

但要恐惧
对你说
他从不怀疑的
人

无　言

为什么
你还要
写诗
既然你知道
这个办法

收效
甚微

朋友们焦躁地
这样问我
因为他们用
他们的办法
也收效
甚微

我却不知道
该怎样
回答他们

短腿的谎言

大谎
的
腿
根本不
会
总是
那么
短
更短的
常常
是那些
相信

它们
的
那些人
的
生命

分　居[1]

你又变成了石头
而且在睡眠中
长出了苔藓
它就住

在你的眼睛下面
带着
水
和盐的痕迹

---

[1] 中译来自手稿。

伊尔莎·艾兴格[*]

所　属

我的黑色马啊，
我看见它们在吃草，
吃着吃着，离开我
找树木，找海藻去了，
我的马匹啊，
它们妨碍我
坚持下去，
它们跑散了，
它们知道
会是什么结果，
因为它们是我的
不是别的什么。

---

[*] 伊尔莎·艾兴格（Ilse Aichinger），奥地利女诗人，生于一九二一年，小说家、广播剧作家。与诗人冈特·艾希结婚。后居西德。

汉斯·卡尔·阿特曼*

永远是鸟

天上的鸟

长而蓝的
海滩早上
像白银闪耀

红日
开始了
美的图案
在一个天使的
胸前

吻我吧
用你的嘴
像白昼一样亲切

---

* 汉斯·卡尔·阿特曼(Hans Carl Artmann),奥地利诗人,生于一九二一年,以口语诗闻名,"维也纳派"的代表诗人。

像一只鹰
像一个目标
像一个遥远的
白点

像一面旗
远远飘在
晨光中

永远是鸟
天上的鸟

阿洛伊斯·福格尔[*]

昨日的朋友

你做了一座房屋
周围有一道篱笆
临街是一堵水泥墙
墙头放一些破玻璃渣
你还为花园
养了一只狗
现在你找
朋友们
来欣赏
你的胃口

---

[*] 阿洛伊斯·福格尔(Alois Vogel),奥地利诗人,一九二二年生于维也纳,小说家、评论家、文学编辑。

瓦尔特·诺沃特尼[*]

梦　狗

挣脱了锁链
在白昼的
摇椅上
冲着分秒
狂吠
它那
老像黑夜一样
黑的毛皮
弄黑了
那么多
白昼
它的
红舌
盖着牙
伸出来
也许

---

[*] 瓦尔特·诺沃特尼(Walther Nowotny),奥地利诗人,生于一九二四年。奥地利广播电台导演及演员。地方作家协会主席。

我们梦游者
最后
会醒来
当
那只
梦狗
咬我们的时候

伊尔莎·蒂尔施 – 费尔茨曼[*]

沉默的伙伴

我们吃饭
他就坐在
我们身旁

没有手臂
没有腿
没有眼睛

（地毯上
有血渍
到处是血渍）

我们出门
他总走在
我们身旁
颈上是

---

[*] 伊尔莎·蒂尔施 – 费尔茨曼（Ilse Tielsch – Felzmann），奥地利女诗人，一九二五年生于捷克斯洛伐克。并写短篇小说。

红色的绞痕
手上是
套索

他睡
在我们身旁
在我们中间
为他的
冻僵的肢体
在我们身上取暖

所以
我们才
总觉得
心头
有点冷

海因茨·皮昂特克[*]

铁匠的女儿[①]

我有一个父亲,
壮得像汲水井的木桩
在柯布尼莎,
眼蓝如铁,胡子有火星,
他一瘸一拐,读得懂故事书。

他有一个女儿,
美得像牧场的小河
在柯布尼莎附近。
冬季她穿漂亮的小靴,
夏季腰间围一块印花布。

他做梦想当烧炭工
还想懂得鸟语。
可他是个破落小农庄的铁匠
见到长官便点头哈腰。

---

[*] 海因茨·皮昂特克,联邦德国诗人,一九二五年生,作品强调视觉效果。
[①] 中译来自《我坐在这里,等待,等待》(外国文学出版社 1989 年版)。

而她,他的女儿,宁愿
跟一个二十岁的士官生私奔,
却给一个驿站管理人娶走了,
他给她买两面烤饼和一副眼镜。

一匹灰花斑马踢跛了我父亲。
他再也进不了林子,
只好一点点储存炭末:
他的心是一座熄火的熔炉。
他喝了九大杯淡啤酒
想不到醉死了。

我听说,人决不会
安于自己的记忆。
我早晨看见我们小小的地平线,
在小油灯下面我为大家
写写信封。

阿洛伊斯·海尔葛特[*]

无 题

白色
是沉默的深色
没有重量
没有阴影
也没有回忆

天地之间的
平面的光

在花和蜡烛后面
在卖栗人的烟雾后面
什么也没碰着的
脚步

没有打开的门
没有从雪里走来的路

---

[*] 阿洛伊斯·海尔葛特(Alois Hergouth),奥地利诗人、翻译家,生于一九二五年。

没有重量
闪动的白色
回家和梦之间的
平面的光

欧根·戈姆林格[*]

字

字是影子
影子变成字

字是游戏
游戏变成字

如果影子是字
字变成游戏

如果游戏是字
字变成影子

如果字是影子
游戏变成字

---

[*] 欧根·戈姆林格,诗人,一九二五年生,曾在伯尔尼学习艺术史。与人合办刊物《螺旋线》,出版诗丛刊《具体诗》。常用德语、法语、英语、西班牙语写作。著有诗集《星座》《33 星座》;论文集《诗是构成环境的手段:评论与例证》。中译出自《外国朦胧诗精选》(百花文艺出版社 1994 年版)。

如果字是游戏
影子变成字

恩斯特·扬德儿[*]

口　袋

瞧瞧,我这许多口袋。
这个口袋装风景片。

这个装两块表。
你的时间和我的时间。

这个装一枚骰子。
二十三只眼睛比两只看得更多。

你可以想象
我在眼镜上曳着些什么。

---

[*] 恩斯特·扬德儿,奥地利诗人,一九二五年生,中学英语教员。具体诗运动的主要代表,特别热衷于音响诗。把自己的作品称之为"话诗",以区别于传统风格。他的音响诗朗诵在英美各国享有盛誉。并与迈瑞克合作,撰写了不少广播剧。本诗中译选自《欧洲现代十大流派诗选》(上海文艺出版社1991年12月版)。

英格博格·巴赫曼[*]

致太阳

比满月及其高贵的光更美,
比星星、夜的著名勋章更美,
比彗星火红的步态美得多,而且
比任何别的星宿扮演的角色更辉煌,
因为你我的生活每天都仰仗它,那就是太阳。

升起来的美丽的太阳,没有忘记它的工作
而是在完成它,在夏天完成得最美,当白昼
在海岸蒸发了,无力地映着船帆
穿过你的视线,直到你疲倦了,合上眼睛。

没有太阳,连艺术都戴上了面纱,
你不再显现在我面前,还有海,还有沙,
为阴影所鞭打,逃到我的眼帘下。

---

[*] 英格博格·巴赫曼(Ingeborg Bachmann,1926—1973),奥地利著名女诗人。小说家,广播剧作家。"四七社"成员。诗集《缓刑的时间》《大熊的呼唤》等反映了现代人的孤独感。除诗作外,并从事小说、歌剧、电视剧写作。

为我们保暖的美丽的光啊，保护并且保证
我又看得见，我又看得见你！
太阳下面没有什么比在太阳下面更美……

没有什么比看见水面那根杆子、天上那只鸟儿更美，
鸟在思考它的飞翔，下面是成群的鱼，

五颜六色，千姿百态，带着光的使命来到世界，
看四周，一片方形的田亩，我的多角形的土地

以及你穿上的衣服。你的钟形的蓝色的衣服！
孔雀在其中散步和鞠躬的美丽的蓝色，
远方的、天气适合我的情绪的幸福地带的蓝色，
天边的蓝色的偶然！而我的被赋予灵感的眼睛
又张开了，眨起来了，灼伤了。

使尘土为之艳羡的美丽的太阳，
我不是为了月亮，为了星星，不是
因为夜以彗星相夸耀，把我当作傻子，
而是为了你，几乎永远为了你，不为其他任何什么，
才悲叹我的不可避免的失明。

每　天

战争不再宣布，
而是在继续。闻所未闻者
业已司空见惯。英雄
远离战士。弱者

被驱上了火线。
白昼的制服是忍耐，
标志是照在心头的
希望之卑微的星。

它将获奖了，
如果不再发生什么，
如果排炮消歇下来，
如果敌人已经无影无踪
而永恒武装的影子
布满了天空。

它将获奖了
为了遗弃旗帜，
为了在朋友面前的英勇，
为了出卖不足道的秘密，
为了不遵守
任何命令。

缓刑的时间

更严酷的日子到了。
缓刑满期的时间
在天边隐约可见。
你马上就得系好鞋带
把狗赶到低湿的庭院去。
因为鱼的内脏
在风中变冷了。

羽扇豆的光凄惨地燃着。
你的目光茫然四顾；
缓刑满期的时间
在天边隐约可见。

你爱人在那儿陷进了沙里，
沙涨得齐了她飘散的头发，
它打断了她的话，
它命令她沉默，
它发现她活不长了
每次拥抱之后
都准备永别。

不要东张西望。
系好你的鞋带。
把狗赶回去。
把鱼扔到海里去。
吐熄羽扇豆！

更严酷的日子来了。

君特·格拉斯[*]

打开的衣柜

下面放着鞋子。
它们害怕出门路上
有一个甲虫,
害怕回家路上有一枚芬尼,
害怕会踩着的甲虫和芬尼
印在鞋底上。
上面是帽冠之家。
当心,瞧着点,别莽撞。
不可思议的羽饰,
那鸟叫什么名字,
它的目光转向何方,
当它得知它太花哨了?
白色樟脑丸睡在口袋里,
梦见了飞蛾。
这儿脱了一枚钮扣,

---

[*] 君特·格拉斯(Günter Grass),当代著名德语作家,联邦德国社会民主党活动家。一九二七年生于但泽,有波兰血统。当过农业工人,修习过绘画和雕刻。除诗作外,有小说《铁皮鼓》《狗年月》《鲽鱼》等。

腰间的皮带松了。
伤感的绸衣,
翠菊及其他易燃的花朵,
变成服装的秋令,
每个星期天充满肉和
起皱的脏衣服的盐。
在衣柜沉默了,变成木头,
松树的一门远房亲戚之前——
谁会穿这上衣
一旦你死了?
谁会在袖里伸动手臂
预防每一个动作?
谁会翻高领子
停在相片前面
孑然立于飘忽的钟声之下?

拍　卖

我卖掉了一切。
人们爬上四层楼,
两次揿铃,气喘吁吁
在地板上给我付款,
因为桌子已经卖掉。

当我卖掉一切时,
他们又剥夺了五六条街开外的
物主代名词,
锯掉渺小无害的人们

私有的影子。

我卖掉了一切。
再没什么可以从我取走。
连我最后最小的所有格,
那是我长期珍藏的,
我都能够卖个好价钱。

一切我都卖掉了。
我打发了椅子,
我清除了衣柜,
我把床铺搬空——
我一无所求地躺在它旁边。

一切终于卖掉了。
没有领子、没有希望的衬衫,
懂得太多的裤子,
我把我的煎锅送人
去煎一块带血的生牛排

外加我剩下的盐。

在蛋里

我们住在蛋里。
我们用粗鄙的图画
和我们敌人的名字涂抹
蛋壳的内侧。

我们在被孵化。

无论谁孵化我们,
他同时孵化我们的铅笔。
一旦从蛋里爬出来,
我们马上会画
一幅孵化者的肖像。

我们承认我们被孵化。
我们设想一个好脾气的禽类,
并且写学校的作文
论孵化我们的母鸡的
毛色和品种。

什么时候我们才破壳而出?
我们蛋里的预言家们
为了中不溜的薪水在争论
孵化期的长短。
他们假定是某一天。

出于无聊和实际需要
我们发明了孵化箱。
我们十分关怀我们蛋里的后辈。
我们乐于向照料我们的大娘
推荐我们的专利权。

但我们头上有个屋顶。
年迈的鸡雏,

懂多种语言的胚胎
整天谈着
还讨论它们的梦。

如果我们不被孵化呢？
如果这个蛋壳从不裂缝呢？
如果我们的地平线只是我们
涂抹的地平线而且永远是这样？
我们希望,我们被孵化。

即使我们只就孵化而言,
也仍然害怕会有人
在我们壳外,觉得饥饿,
把我们磕进锅里,撒一撮盐。——
那么我们咋办,我蛋里的兄弟们？

我的橡皮①

用我橡皮的眼睛来看
柏林是座美丽的城市

在一个星期日
牙疼不止,十分无趣,
我对我的橡皮说：
我们去旅行吧,或者如你
所说,偷偷溜掉,让

---

① 为一本德语儿童读物补译的诗。

我们的牙疼转移。

总面对着烟灰缸，
我们烦闷得要死：
口袋塞满了入场卷——
可我再也找不到钥匙。

库尔特·克林格尔[*]

死亡变奏曲

黑夜神秘而盲目地
穿过了
山鸟呼叫的丛林。

风在树梢
筑着咆哮的鸟巢——
它现在平静了。

死亡灰蒙蒙地沉下来,
像睫毛的影子
沉到冷月般的草地上。

它把我轻轻嘘了过去。

---

[*] 库尔特·克林格尔(Kurt Klinger,1928年生),奥地利诗人,评论家。

彼得·哈克斯[*]

我说话算数的

你夏天骗了我,
我的朋友,我说真个的。
我要在冬天报复你,
在一个落雪的日子里。
和一个比你更爱我的人,
和一个比你给我更多的人,
我说话算数的,我说话算数的,
一年快完了,
我说话算数的。

---

[*] 彼得·哈克斯,生于一九二八年,民德诗人、剧作家。以布莱希特为师。中译来自《我坐在这里,等待,等待》(外国文学出版社 1989 年版)。

汉斯·马格努斯·恩岑斯贝格*

在一个和平爱好者的坟头

这个人不是什么慈善家,
他躲避会议,商店,竞技场。
他不吃同类的肉。

暴力走在街上
微笑着,并不赤裸。
但天上有叫喊。

人们的面孔不很清楚,
它们似乎皮开肉绽。
即使在一击落下之前。

他一生用语言和牙齿,愤激地,
狡猾地,靠自己的拳头
为之奋斗的一件东西:

---

* 汉斯·马格努斯·恩岑斯贝格(Hans Magnus Enzensberger),一九二九年生,联邦德国著名诗人,批评家,翻译家,出版家。"四七社"领导成员。

那件他称之为和平的东西，
他已经得到了，再没有嘴巴
咬在他的骨骼上来尝滋味。

中产阶级的布鲁斯①

我们不能抱怨。
我们有事做。
我们饱了。
我们吃着。

草在长，
社会产品在长，
指甲在长，
过去在长。

街道空了。
交易完成了。
汽笛沉默了。
这些过去了。

死者写了遗嘱。
雨已渐小。
战争还没有宣布。
这些不必着忙。

---

① 布鲁斯，一种哀歌的称法。

我们吃草。
我们吃社会产品。
我们吃指甲。
我们吃过去。

我们没有什么可掩饰。
我们没有什么可耽误。
我们没有什么可说。
我们没有。

钟表上满了发条。
账单已经付清。
碟盘已经冲洗。
最后一辆公共汽车开过了。

它是空的。

我们不能抱怨。

我们还期待什么呢？

另一个人

一个人在笑
在发愁
在天空下扬起我的脸和头发
让话语从我的嘴里滚出来
一个有钱有恐惧有护照的人

一个又吵闹又爱着的人
一个人在动
一个人在奋争

但不是我
我是另一个人
他不笑
他没有脸在天空下
他嘴里没有话语
他不认识自己不认识我
不是我：我是另一个人：永远是另一个人
他既不胜也不败
他不发愁
他不动

另一个人
漠然于自身
我一点也不认识他
没人知道他是谁
他不动我
这就是我

影子的王国①

一

这里我看见一个位置，

---

① 中译来自《疯狂的石榴树——现代外国抒情诗选》（人民文学出版社 1988 年版）。

一个空位置，
在这个影子里。

二
这个影子
是不出卖的。

三
连海
也会投下一个影子，
连时间也会。

四
影子的战争
是游戏：
没有影子
挡别人的光。

五
谁住在影子里，
是难以杀死的。

六
一会儿
我走出了我的影子，
一会儿。

七
谁想看见光
像它的原样
必须退缩
到影子里去。

八
影子
比这个太阳还亮：
自由的冷影子。

九
我的影子完全
消失在影子里。

十
在影子里
永远有位置。

冈特·库纳特*

一条旧街的旧照片

爬进了
这条发黄的小街,
铺着石块,黄里带褐
空空荡荡除了我
放眼望去:在下一个
你看不见的角落后面
我将驾着马车
回到永恒的底片中去。

应该是这样

应该是
无目的而有意义
应该是无目的而有意义地
从泥土中浮现
宏伟宫殿的砖瓦就来自

---

* 冈特·库纳特(Günter Kunert,生于1929年),民主德国诗人,作品同时在联邦德国出版。除诗作外,并写小说和电影、电视剧本。早期诗作受布莱希特影响。

泥土又倾圮成泥土
在一个极其美好的日子

应该是
无目的而有意义
这将是
多么不相宜的工作
无济于压迫
又非压迫所能反驳
这样就无目的
这样就有意义

像诗一样。

耶尔格·施泰纳*

雨 中

街上的人匆匆走着,
街上在下雨,
下雨时人们匆匆走着。

屋子里的人有时间,
屋子里很悠闲,
下雨时人们有时间。

屋子里的人们望着
街上的人们。
天在下雨。

广 岛

学校里孩子们听到一个故事,
他们听到广岛的故事,

---

* 耶尔格·施泰纳(Jörg Steiner,生于1930年),瑞士德语诗人,并以小说知名。诗集有《黑箱》《还有边界》等。

广岛是瑞士的一个村庄。

广岛是凯尔特人的殖民地,
广岛的情况不妙,
广岛的农民不满意。

广岛需要工业,
孩子们齐声念着,
老师在黑板上写一个字。

履历表

人们想过得舒服,
看电视,开汽车,
有一栋草地上的房子。

人们想于人有用,
帮助盲人过街,如果
有个盲人想过街的话。

人们想有人
为他们说好话,
想活得没有痛苦,很久很久,
还想在死去之前,
多少能够不朽。

格哈德·吕姆[*]

二三事

桌上
是一块灰布
上面是一小包打开的香烟
黄的闪亮蓝的破碎
旁边是一盒火柴
前面是半瓶国产(奥地利产)樱桃罗姆酒
再前面是动着我的手指的打字机
左边是一支圆珠笔
一本笔记簿(橘黄色)
下面是一张白纸抄着一首诗题名二月
旁边(已到桌子边缘)是一个用旧了的纸夹
它合上了(但我知道里面是什么)
当我不在桌子的犄角叩打我的右臂
我的脸正好浮现在上面
这是下午一点钟
桌子的形象马上会变换

---

[*] 格哈德·吕姆(Gerhard Rühm,生于1930年),奥地利诗人,"维也纳派"成员,与阿特曼一起创作口语诗。

例如
我们的面孔对峙着
嘴巴一开一合
手动着刀叉
我们的眼睛不时相遇

于是我敢于预言下一刻钟的二三事
并用目光
推断到门

安德烈亚斯·奥柯本柯[*]

花　园

幽深的花园
暗绿色的枝叶，
从地面长起来
是湿润的。

棕色的土地
在枝叶下面
醒着。

花园……
深草下面
埋着
一条小径。

早晨
新鲜，蓝得像烟：

---

[*] 安德烈亚斯·奥柯本柯（Andreas Okopenko），奥地利现代诗人，一九三〇年生于捷克斯洛伐克。除诗作外，并著有小说、广播剧等。

就从这里
开始。

上午
太阳从这里
掩映进来。

啊,白昼
在这里
很长很长
直到黄昏。

然后
另一种绿色:
又渐渐溶进了
黑夜。

花园:
从荫翳处
呼吸着
暖气……

托玛斯·伯恩哈德[*]

没有树

没有树
会懂得你,
没有林子,
没有河流,

没有霜,
没有冰,也没有雪,
没有冬天,
没有你,也没有我,

没有风暴
在高峰,没有坟,
没有东,没有西,
没有眼泪、痛苦——
没有树……

---

[*] 托玛斯·伯恩哈德(Thomas Bernhard),奥地利诗人,一九三一年生于荷兰。以小说、剧作闻名。获奥地利国家文学奖。

马加丽特·赫策尔*

为一只狐狸写的安魂曲

他的双眼闪烁
在他的麝香味的皮裘里,
明亮得带点银色,
反映出
一个没有乌鸦的
白色天空的
羞涩。

冬寒覆盖着土壤。
一枚柔嫩的浆果
滚着又滚着。

站起了后腿
突然伸向天空
像落日。

猎人就是猎物。

---

* 马加丽特·赫策尔(Margarethe Herzele,生于1931年),奥地利女诗人,小说家,画家。

他嗖嗖直响的子弹
弹回来打进了
他自己的肉。

爱德华·卡尔·海因里希[*]

处　方

后苦的
可食物
在脑中

先甜的
不可食物
在心中

死是布丁
生是胆汁

---

[*] 爱德华·卡尔·海因里希（Eduard C. Heinisch，1931 年生人），奥地利诗人，新闻工作者。

恩斯特·大卫[*]

阶 段

我写着,又没有写

我写着,悄悄地画出
一个沉默的形象
一个我坐着的形象
一个我跌倒而成的形象

我写着,但没有跌倒
没有人在写

只有形象在讲话
只要它是个沉默的形象

---

[*] 恩斯特·大卫(Ernst David,1932年生),奥地利诗人。

康拉德·拜尔[*]

给尤蒂特

星期一吹开遍野的玫瑰
我站在窗前等着

星期二把雨溅在河岸上
我站在窗前跳舞

每个星期三把太阳分裂了
我站在窗前叫喊

星期四在公园失落了十字架
我用来到的脚步离开了窗

星期五向云朵扬起它的衣裳
我于是站在窗前两次背叛你

星期六在烟囱里找到它的头发

---

[*] 康拉德·拜尔(Konrad Bayer,1932—1964),中译来自手稿。

我于是站在窗前唱起歌来

星期天凭白送来了死亡
我于是站在窗前等着

赖内·孔策[*]

夜 曲(一)

所有神经是导火绳
闪烁着

捆扎在
心墙后面
这些年来

夜 曲(二)

睡眠你不来

你也
害怕

在我的脑海里你看见了

---

[*] 赖内·孔策(Reiner Kunze,1933年生),民主德国诗人,矿工家庭出身,曾从事新闻工作和翻译工作。自传《奇异的岁月》在联邦德国出版,获毕希纳文学奖。

梦,你的
凶手

埃尔弗里德·哈斯莱内尔[*]

无 题

他们给我们
湿柴
和脏奶

他们讲话
像扔石块
要把我们的饥饿
从他们门前赶开

这是好久以前吧？

他们照样把柴
扔到我们脚旁
照样把脏奶
冲我们脸上泼
不过他们留心

---

[*] 埃尔弗里德·哈斯莱内尔(Elfriede Haslehner)，奥地利诗人，一九三三年生于下奥地利亚州默德林。

把话讲得
像黏糊糊的蜜
眼睛却装着
看不见我们的饥饿

克里斯托夫·梅克尔[*]

孔 雀

我在德国的灰烬里没看见凤凰飞起。
用脚拨弄着灰烬
我拨出了快烧焦的鳍,拨出了角和皮——
我却看见一只孔雀,旋动着灰烬
用一扇木翅和一扇铁翅
越长越大地鞭打着
火场的碎片,修饰它的羽毛。

我在德国的灰烬里看见老鸦爬出来
还有喉咙沙哑的暴躁的夜莺
还有嘴喙像剑鱼、鸡冠秃落的公鸡
吹唱着鸟的颂歌。
我们看见它们在所有灰烬里哼唧着。
里面刮起了风,把冷烟
吹过旷野,那里只有很少发光的金子。

我在德国的灰烬里没看见凤凰飞起,

---

[*] 克里斯托夫·梅克尔(Christoph Meckel,1935 年生),联邦德国诗人,画家,插图作家。

我却看见一只孔雀在夸耀它的羽毛,
我看见它展现了光轮
衬照着铁灰的天空和闪电
听见乌鸦和麻雀在欢呼,看见
鹊群投进了它的金羽
虱子阴暗地从它的羽毛长出来
大蚂蚁啮空了它的眼睛。

工　余

于是有一天我们看见他
骑在鲸鱼的背上
冻僵了,浑身透明,显得很小
他呼喊道:我没有创造大海
同胞们,我发誓
没有创造春潮和台风
我没有创造你或你的地球
救救我吧,如果你愿意,救我上岸吧!
但我们照旧坐着,我们让
烟斗继续燃着
听着他嚎叫,在那儿,在他的船上。

卡尔·米克尔[*]

德国妇女,1946

一定是开玩笑,或者一点不开玩笑!
我的奥托说,他可是个棒小伙。
我们走到树林里,他对树木说:
我要把你们砍下来做个摇篮!
因为他是木匠,共产党员,失了业
跟父母住一起,住在厨房里。
你的肚子大了,你走吧!
太太这样说,奥托就把我带走了。
然后是希特勒。奥托说,他就是战争。
还没有孩子,我可不愿为屠宰场
生孩子,他却想要一个女儿。
然后是战争,奥托在行刑队
当了俄国人的俘虏,进反法西斯学校
现在他回到家,可我已经不行了。

---

[*] 卡尔·米克尔(Karl Mickel,1935年生),民主德国诗人,经济学家。除诗作外,并写剧本、评论和短篇小说。

赫伯特·库纳尔[*]

自 酿

我们酿造的
不是浴盆酒
不是香槟
而是血
羔羊的血
不是喝的
是洗澡用的
这是有益皮肤的
美容浴

但你在里面
待得太久
再拔开塞子
它却排不下去
下水道原来

---

[*] 赫伯特·库纳尔(Herbert Kuhner),奥地利诗人、剧作家、翻译家,一九三五年生于维也纳,四岁随双亲移居美国,一九六三年回维也纳。美国和奥地利"笔会"会员。一九八〇年在南斯拉夫国际诗人节获"金笔"翻译奖。

堵住了

你便爬不出来
血黏着
你的皮肤
像胶——
它凝结起来
硬化成
一副红的
石膏模型
它突然间变成了
你

泼掉的牛奶

为泼掉的牛奶——
或者为洒出的血而哭
是没有意思的。
所有牛奶泼了多年
还有所有的血。
我要是
为所有泼掉的牛奶而哭,
我就会淹死
在牛奶的泪水里。
我要是
为所有洒出的血而哭,
我就会淹死
在血的泪水里。

我要是
为所有的牛奶
和所有的血而哭,
我就淹死在
牛奶和血混合的泪水里。
有泼掉的牛奶
和洒出的血,
但是没有泪水,
只有牛奶和血才
让人在里面淹死。
没意思……
没意思……
哭,没意思……
为泼掉的牛奶而哭,
没意思。

维也纳颂

跳华尔滋的人
和金色的心:
一,二,三
一,二,三。
燕尾服,高礼帽
和白手套
主人踏着拍子
走近了
一手拿手杖
一手拿绳。

375

刽子手
主与仆
听候差遣
送上了圈套
像一条漂亮的领带。

你要是接受它
并把它勒紧
他将扬起帽
微笑起来。

但一切发生得很民主
有风度，有礼节
而且面面俱到。

要不要由你。
主人不过
把绳交给你——
因为绞你的
不是他
是你自己。

告　别

不要下沉，
她说——
抓住我的手不放。

不要下沉,
她说——
抓住我的手不放。

不要下沉,
她说——
抓住我的手不放。

不要下沉,
她说——
她抓得牢,像钢铁一样。

不要下沉,
她说——
我简直听不见了。

不要下沉,
她说——
水把她的声音冲走了。

不要下沉,
她说——
我的肺已灌满了。

不要下沉,
她说——
直到什么也没留下,
除了气泡。

着迷的人生[①]

一年又一年
我走下去
我碰见
一个又一个障碍

有时有
一阵行动的旋风
我似乎
接近
实现我的目标

但当尘土平息下来
目标又后退
到了远方
什么也
看不清楚

但我知道
时间成熟了
一切都会解决
而这些延宕
事实上是
使我日益接近目标的

[①] 中译来自《北方文学》诗增刊1982年第1期。

战略上的必然

而且果然
经过一年又一年的斗争
和不间断的挫折
事物开始成形

仿佛
一个谜语的碎片
自动地
拼凑在一起

当我宽慰地
叹了一口气
我看见
一个巨大的进口
出现在
我的面前

我面临死亡之门。

风 景①

青铜色的云
夹点粉红
绿色的田野

---

① 中译来自《诗刊》1981年第5期。

夹点黄
中间穿过
一条路和两排白杨

夜来了
于是沉寂

昨天
你和我在一起

今天是
春天气息的
抚弄
和这片风景的
嘲讽

海因茨·切肖夫斯基[*]

一个星期天下午的观察

在灰紫色花岗石面前熔解的空气
一个像四月的十二月下午的天空
聋子学校的半大学生
一对牵着狗的笨夫妇
一只强奸母鹅的公鹅

彼此毫无关系的一切事物之毫无关系的组合

一只火色的猫
一辆巡逻的警车
克勒尔维茨桥旁的厕所的打开的门
三个补水管漏洞的男人

彼此毫无关系的一切事物之关系

夏天下午在公园里一次拥抱的回忆
变得越来越暗的房屋

---

[*] 海因茨·切肖夫斯基（Heinz Czechowski，1935年生），民主德国诗人。

圣诞夜的星星
沙德咖啡店和我们再也不去坐的桌子

摆着葡萄干和杏仁的橱窗
像刀一样刺进胸膛的记忆
意识到你是可以达到的
意识到你是不可达到的

一切既成物的浓缩
电车上我身旁的空位置
一个带月亮颜色的灯笼的光
不可理解的句子如无常万物不过是个比喻

她的皮肤冷得像雪

她的皮肤:冷得像雪。
她的眼睛:像星星!
她的手:是万能的手。
我拥抱她:风,
云,暖人的雨。
雨,云,风:合而
为一。呼吸,是短促的,
在我的手的紧握下是疾速的。
她什么也不问。我们不知道
街上发生了什么,因为
我们创造一个世界,
疾速而又短促的。因为
时钟不为我们响,因为

书页总是新的，话语
总是真的。结构不断变更
在我们身上。现在
只有可能而又
可及的一切
适合于我们。
我们的大脑反射
造成一切变化。光
在头发的影子里
溶解开来。
于是滑动着，潜游着，
升起来，沉下去，
本身是个规律，而规律
实现在我们身上，我说：现在
什么也别说了，因为思想
融化了像雪，像你皮肤的
雪，像你皮肤的
冷雪
在风的亲吻之下。

尼古拉斯·博尔恩[*]

三　愿

事实可不令人烦恼而又无聊？
假定都能实现
人生三愿岂不很好？
一愿生活不要长久停顿
来检查墙上有没有弹壳
不要被出纳员一页一页撕掉。
二愿写信能充分表达自己——
我这一向体重可没有减少。
三愿有一本书你们大家从前面进去
　　从后面出来。
我希望不会忘记，爱你
要比不爱你更美好

自然诗

流动多么痛苦
和敌人待在一起多么冷清

---

[*] 尼古拉斯·博尔恩（Nicolas Born，1937年生），联邦德国诗人。

房屋张开了眼睛

向树林吹氮气是一项什么任务啊!
　绿生菜的叶绿素在静静地生效
　我们身上的绿生菜在喧闹地生效。
蒲公英从我们的生活中消失了吗
　款冬花呢,绣线菊呢?
马的后贴的耳朵允诺了什么
女杂工的世界二十年来就在提桶里
　她手臂上的痛楚意味着什么?
为什么石竹那么参差不齐地
　被钩织成那么蠢笨的一朵花
为什么我一看见郁金香就开始下滴?
燕子低飞的时候告诉我什么?
邻居的狗嗥叫时是谁在咬人
　是狗是我还是邻人?
我从一个陌生人手里接到一点小费
　然后匆匆离去,这又意味着什么?
我父亲的眉头一夜间紧皱起来
而订购推销员脸上的疤痕变红了
出租汽车司机久久望着镜子
　直到乘客起了疑心
而盖屋顶工匠想踢学徒一脚
　想不到一脚踢空了
青少年俱乐部里的青少年们圆瞪两眼
　望着第五杯可口可乐
宇航员在飞行间歇中
　开始读一部长篇小说
大股东在打猎时喝的汤里
　发现了一只马脚

商业银行的出纳员
　　去看了《萨帕塔万岁》①之后
　　就带着他老婆养家的钱躲了起来——
所有这一切又意味着什么？
暴风雨前的静默
眼睛里的刺
木匠的桁条
十七岁的热恋
财产管理人的宣誓手
退潮和涨潮
小和大
以及劳动交易所的职员
　　他在三十个人等着的时侯
　　却拿着毛巾和肥皂离开了办公室
这一切又意味着什么？
星期一的汽丰，倾倒过来的湖
雇主手里积累财富
　　的特殊方法
上面的
下面的
山谷的底
山脊上的漫游呢？
我爱你的时候地上有雪
你跟着我的好友离开了我
　　那正是春天
而你一文不名地回来

---

① 电影名，描写墨西哥农民运动领袖萨帕塔（约1879—1919）领导起义的事迹。

已是秋天了。
如果没有人肯无代价地给我一点什么
　　我怎么会有钱呢？
一个死人在枕头下面放着
　　一本论考古学的书，这是什么意思？
如果真的必须有战争
　　难道参加战争仍然重要吗？
如果男人和女人决定婚后
　　住在一起，难道是现实主义的吗？
如果她一年以后拿她的嫁妆
来砸他的头，而他拿
　　他的词汇来砸她
如果摩天楼上擦窗户的工人
陷于打孔卡片的魔法
但仍服从他的自卫本能
　　终于跳了出去呢？
我写诗，你只写小说
　　你是一个女人，而我是两个
这又是什么意思？

库尔特·巴尔奇[*]

布莱希特之死

灰茄克,屋顶,雪茄,
烟落在雪上,化了,
一个黑点,一根旗竿是空的,
只有雪吹拂着,一只山鸟在空中,
风扑向烟,还有屋顶,
抹去了山鸟,一个美丽的痕迹
从两个指头中间刮走了雪茄;
雪里烟旗吹上了半竿。

人道主义者

房子烧塌了。可人道主义者
干了些什么?
他伸出指头来,在冷灰上
写着:再不要发生。

---

[*] 库尔特·巴尔奇(Kurt Bartsch,1937年生),民主德国诗人。成名前当过电话接线生,职员,卡车司机。

哎,他至少也该给
这起火的房子撒泡尿呀。

基托·洛伦茨*

单 字

单字是一枚胡桃
一枚铁胡桃
在牙齿和
沉默之
被淹死的深井中间

据说有
一种丝绸的语言,白得
像早晨的皮肤,有俄国皮革和摩洛哥皮革的味道
据说有
许多谈话渗进
沙中像儿戏
夜晚据说像孔雀
有一千道会说话的目光
和呼吸罂粟花气息的梦魇
从前

---

* 基托·洛伦茨(Kito Lorenc,1938年生),民主德国索布族诗人,用德语和索布语(一种斯拉夫语)写作。

我,弯曲得像把镰刀,
嘴唇充满蛛网,只听得见
树叶下落。它发出
一个声音,单音节
在水上。在上面
我写着字,一个呵欠
绽开在谎言的风山之中

  把灰烬劈成木柴吧,只是
  别弄碎了小提琴
  用月亮暖暖你的房间吧,只是
  别嗾狗追它

青蛙逃走了,浑身洞穿
留茬的田亩
龙虾猛冲回来
从它们蝙蝠似的飞翔中

石头的心
不再颤栗
从它藏进去的黑暗中
落下了斧头

这样就好,冬天的
蝴蝶安详地飘浮着
水沉进了
我的血管
地球以其枯干的外壳

皱成一枚棕色的胡桃,滚动在
牧人星座下面
地球是一个单字
粗糙的地壳里有
被降福的脑半球
有胡桃的这种美味
已经变得
令人难忘了

胡伯特·法比安·库尔特瑞*

无 题

我所抚摸的粉碎了
我所唱的吹散了
我所爱的离开了我

你就是奥德修
你在我的血泊里划船
我的长吁充满你的帆

难道没有哪里
有个
我们可以留存的形象？
鹰
鱼
还是蛇？

我仍将抚摸

---

* 胡伯特·法比安·库尔特瑞(Hubert Fabian Kulterer,1938年生),奥地利诗人。

唱并爱
风、火和河

诺西卡埃①，我的脉搏啊
你所抚摸的将恢复原形
你所唱的将继续发响
你所爱的将永存

---

① 荷马史诗《奥德修纪》中的人物，国王阿尔辛诺的女儿，她为沉船的奥德修找到脱险的道路。

尤塔·许丁[*]

夜间外面有几所屋子

是悲哀的孩子们画的
窗口挂着黑旗子

黄昏下面有几所屋子
天空在夜降临之前
凝定在同一层的窗口

下午那边有一所屋子
四扇窗在悔恨
一场久已熄灭的火灾

它的居民们在炼狱中和解

先知伊利亚讲了一句话

早上、中午、傍晚那里上面
有一所屋子,两扇窗

---

[*] 尤塔·许丁(Jutta Schutting,1938年生),奥地利诗人。

被两个天使夜间打破了
一会儿开,一会儿关着

福尔克尔·布劳恩[*]

荒 原

大自然开着花,长着绿色卷须,
风在光秃的山峰熊熊燃烧
坚硬的家伙绊住我,那些固执的
樱桃树,在板石上——这一切
多么吸引我啊!

但我走进了
树林,最密最密的树林,
走在平静的地面上
看见它被手旋转着
倒转着,斜坡像人一样
拥有绿色的经验。
就在村落下面
在久已绝迹的蓟类和埃及榕下面
我发现一个古村落——
是我的远祖远祖

---

[*] 福尔克尔·布劳恩(Volker Braun,1939年生),民主德国诗人,成名前当过印刷、建筑、机械工人等。

为了谋生在这世界上
烧出来的一块土地。
而山,多么吸引我啊,变得
可做绞颈架。毛地黄
红得多么像血!我跟随着
这些难看的线条,在这一带,那成堆的
被屠杀的农民的尸体。
晨星在这儿仍闪着
铁光。一切生命
似乎变形了,日子
荒芜,从无人践踏过。

没有什么东西自然地留下,
也没有留下什么自然的东西。
路标都长绿了,那田亩的
岔路。我,后代人
急不可待地走过
那灰色的草图。慢慢地
牲口棚升了起来
直到仓库的碉堡,拖拉机
在鞭光下面奔驰着。
我在这个村落里,
以充足的理由
从我自身走出来。

维尔茨堡

环视 360 度

未来的全角:一个
填满了的地带。

埃达·施泰因文德尔[*]

玩　偶

有一天我将
死掉
在你眼前
走来走去
像一个玩偶
最后还知道
回答你的问题

有一天我将
永远幸福起来
把我没有怀过的
孩子淹死

我将吻
我没有过的爱人
有一天我将

---

[*] 埃达·施泰因文德尔(Edda Steinwender，1939年生)，奥地利诗人，广播剧作者。

穿起
你欢喜的美服
用你的舌头
对着风讲话

有一天我将
裸着身子
在你悲伤的
宴会上
跳舞

彼得·保尔·维普林格[*]

犹太人的墓地

每个生命——时间
每个名字——石头
给了又拿走了

一个生命的
故事
变成了灰尘

逗留
记忆
忘却

命运
生活
死

在生活中

---

[*] 彼得·保尔·维普林格（Peter Paul Wiplinger，1939年生），奥地利诗人。

熄灭

在死亡中
生存

贡特拉姆,费斯佩尔[*]

什么都不怕

租住
进一个友好的家庭
我静候冬天来临
而无所顾虑。
一只手冻坏了
我还有另一只手。
屋顶落到我头上
我的脚不会受伤。
如果出乎意外
明年夏天不来了
(因为发生过这样的事
没有一棵树活下来)
那么我将因
报应的前景而自慰。

---

[*] 贡特拉姆·费斯佩尔(Guntram Vesper),一九四一年生于莱比锡。一九五七年移居联邦德国。六十年代出现的青年诗人之一。

熟悉的新闻

我吃东西的时侯
人们谈着
危机。
仿佛那就是一切。
我恼怒地
放下餐叉。
说话人会以为
天气变坏了。
长久以来
就是这样。

彼得·汉德克[*]

颠倒的世界

我醒着入睡了：
我没看东西，是东西在看我；
我没动，是脚下地板在动我；
我没瞅见镜中的我，是镜中的我在瞅我；
我没讲话，是话在讲我，
我走向窗户，我被打开了。

我躺着站了起来：
我没张开眼睛，眼睛却张开了我；
我没听声音，声音却在听我；
我没吞水，水却在吞我；
我没抓东西，东西却抓着了我；
我没脱衣服，衣服却脱掉了我；
我没自己听话，话却劝阻我相信自己；
我走向门，门闩按住了我。
卷帘升起了，却变成了黑夜；

---

[*] 彼得·汉德克(Peter Handke，1942年生)，奥地利著名诗人，剧作家，小说家。六十年代出现的青年诗人代表。

为了喘口气，我把头浸进了水里；

我踏着石板地，陷到踝骨那么深；
我坐在马车的驾驶座上，把一只脚放在另一只脚前面；
我看见一个打洋伞的女人，夜汗出了我一身；
我向空中伸出胳膊，它着了火；
我伸手摘苹果，被咬住了；
我打赤脚走路，感到鞋里有石子；
我从伤口撕去橡皮膏，伤口在橡皮膏里；
我买了一份报，我被浏览了；
我把人吓得要死，我说不出话来；
我把棉纱塞进耳朵里，我拼命叫喊；
我听见警报器在嚎叫，基督圣体节的游行队伍从我身边走过；
我打开雨伞，土地在我脚下燃烧起来；
我跑到野外去，我被捕了。

我在镶木地板上跌倒了，
我张开嘴巴讲话，
我捏紧拳头搔痒，
我吹起警笛笑，
我从发尖上流血，
我读到报纸的头条就噎住了，
我呕出了美味佳肴，
我讲着未来的故事，
我对事物说话，
我看穿了**我**，
我杀了死人。

我还看见麻雀在向枪炮射击；
我还看见绝望者幸福起来！
我还看见吮乳婴儿满怀希望，
我还看见晚间送奶的人。

而邮递员呢？在打听邮件；
传教士呢？被惊醒了；
行刑队呢？沿着墙根排列着；
小丑呢？在向观众扔手榴弹；
暗杀呢？等有了见证人才发生。
而殡仪员在鼓舞他的足球队；
国家元首在行刺面包师的学徒；
元帅在按街道起名字；
自然在忠实地描摹图画；
教皇站着被判输了——

听哪，表针走到外面来了！
看哪，烧短了的蜡烛变大了！
听哪，呼喊在耳语！
看哪，风把小草吹僵了！
听哪，民歌在咆哮！
看哪，上伸的手臂向下指！
听哪，问号变成了命令！
看哪，饿鬼变胖了！
闻一闻哪，雪在腐烂！

而早晨在沉没，
桌子站着一条腿，

逃亡者盘腿坐着像裁缝,
最高一层楼有了电车站。

听哪!死一般沉寂!——正是高峰时刻!

我醒着入睡了
从不堪忍受的梦境逃到了温柔的现实
快乐地哼着:抓贼啦!杀人啦!
听,我满口流涎:我看见一具尸体!

摘自《闲荡的结局》

三个骷髅:
三个家伙坐在咖啡店
把他们的冲锋盔
(连同打开的面甲)
放在身旁的地板上

伸开双臂:
今天过得真痛快!(暂停)
什么地方又有什么人
以最无耻的方式死掉了——
请设想那普遍的
地狱之死吧
停留在一条窄街上
体验着"悲惨"这个词儿

咳,你站在街头的人。

我们已经知道
现代人的孤独
　的故事，
你就离开
那夜风嗖嗖的街头吧！

漂亮的团团大脸的陌生女郎，
你在餐馆里
抽着香烟：
我从街头走过时
就认得你的脸
它将模糊地
开放在我的记忆中

约翰·埃彭贝克[*]

昏暗中的谴责[①]

你吞吃了蜜月。
因此你变胖了。这时——
可没有想到：
一个胖女人，和昏暗的夜晚……

猛　兽[②]

可要盯住那猛兽。

它把林子啃光了。
它把河流喝干了。
它把太阳吹暗了。
白昼沉重地死掉。

它吞吃了时刻，能够
吞吃死掉的日子。

---

[*] 约翰·埃彭贝克（John Erpenbeck，生于 1942 年），民主德国诗人。
[①][②] 中译来自《我坐在这里，等待，等待》（外国文学出版社 1989 年版）。

它呼吸着腐臭的风。
白昼被忘却
正如它们流逝。

它的尾巴不时
在你脸上打出了伤疤。
在时间停留的地方……
爱我吧,别说
"不是爱的时候。"

赫尔穆特·施特拉达尔[*]

你我之间的私房话

倾听它们吧,免得
它们在空间化为齑粉
我的话
没有逻辑的对称
被剥夺了发射的功能
所以它们变成我的
以便成为你的。
你我之间的话——
被铭刻的声音……
感觉它们吧
为了保存它们的印痕

---

[*] 赫尔穆待·施特拉达尔(Helmut H. Stradal,1942 年生),奥地利诗人,剧作家。

阿克塞尔·舒尔策[*]

哥伦布的一瞬间

瞧那只嘴里衔着什么绿东西的鸟。
海藻、树叶还是鱼片？是什么呢？
腐烂的咸肉。生锈的定位仪。
填错了的航海日志。三桅帆船，
给贝壳巴满了，巴到了水线。
坏血症弄松了满口牙齿的水手。
从胃底一直响到嘴的咕噜声。
现在只有大声叫喊能助一臂之力：
看见陆地了！瞧那鸟，瞧那鸟！

---

[*] 阿克塞尔·舒尔策（Axel Schulze，1943 年生），民主德国诗人。该诗选自《新德意志文学》。

彼得·汉尼施[*]

无 题

一个人来了
来为光明作证

那些为黑暗作证的人
却一早就来了

一个人来了
来为光明作证

为黑暗作证的人
却来了无数个

对不起
我当然按照数量
来判断

但我并不坚持

---

[*] 彼得·汉尼施(Peter Henisch,1943年生),奥地利诗人,小说家,文学编辑。

他们就是黑暗

他们不是黑暗
但他们引起了黑暗

他们不是黑暗
但他们当然
妨碍了光明

于尔根·特奥巴尔蒂*

厨房里的诗

我打开了冰箱,朝里
一望:又冷又空!
它又冷又空,它的白色
使我想起北国风光
冰天雪地,闲着不动,因为那儿
不长任何有用的东西。
如果物价再涨,这儿
还要到处是雪。
我们将有一个物价的冰期
一片空冰箱的风光。
我们将变得更冷,更冷。
我们吃什么,不决定在
厨房里,也不在冰箱里。
也许这是一个聪明的念头
——你自己决定吧,读者! 也许
它会用这首诗来帮助我。
但是目前,甚至明天

---

* 于尔根·特奥巴尔蒂(Jürgen Theobaldy,1944 年生),联邦德国诗人。

我宁愿架起锅
来煮杂碎,如果我血管里的
血还没凝冻,当
女屠户开口叫价的时候!

恩斯特·诺瓦克[*]

茫　然

深藏在我身上的死亡啊
你这轻如鸿毛的未生的婴儿

我就这样活下去
从故事到故事

而我的话语
一点也不改变
我根深蒂固的
沉默

---

[*] 恩斯特·诺瓦克(Ernst Nowak，1944 年生)，奥地利诗人。

赖因哈德·普里斯尼茨[*]

风　景

在嘴唇的
烟之林里
我们的植物
盘旋,盘
旋在

黄金的
发之林里,那里
雾霭照暖我们
我黏着了
你的树脂

在我的山谷的
梦之林里
我们的床变绿了
叶子挨叶子

---

[*] 赖因哈德·普里斯尼茨(Reinhard Priessnitz,1945年生),奥地利诗人,新闻工作者。

于是我们
跌落到

血或伤口的
夜之林里
眼睫毛晕眩起来
越来越远
把我们照得
越来越远
在林子里
在睡梦中

汉斯·吉加赫尔[*]

无 题

有人站起来
指着
你的脸
他抬起头
大叫道
瞧着点
这里是个人
你不知道
该不该微笑
只好低下头来
正是这样
你才没看见
正是这个人
朝你的头盖抡起的
那把斧头

---

[*] 汉斯·吉加赫尔(Hans Gigacher),奥地利诗人,一九四五年生于克伦地亚州许腾堡,除诗作外,还写短篇小说和剧本。

伊尔莎·布莱姆[*]

玫 瑰

把这些玫瑰
看上一遍，
还想把它们
看一千遍呢，

不料一百遍
就掉头而去，
因为连玫瑰
也不能看上
一千遍啊。

---

[*] 伊尔莎·布莱姆(Ilse Brem，1945年生)，奥地利女诗人。

恩斯特·凯恩*

无 题

有锯末和马匹的气
味　乐队呜呜啦啦
奏着进行曲　狮子
跳着圈　杂技演员
在半空飞舞　一位
女士骑滑马　大象
后腿站起来　三个
丑角　穿紧身衣的
报幕姑娘　魔术师
和鸽子　骆驼　一
只海狗　以及飞刀
者　篷帐　彩色的
灯和车辆　这一切
都同三十年前一样
只可悲　我变老了

---

* 恩斯特·凯恩(Ernst Kein,出生时间不详),奥地利现代诗人。

〔**译者后记**〕 以上一些诗(指《诗刊》1981年5期《现代奥地利诗选》),选自奥地利诗人兼翻译家赫伯特·库纳尔编译的现代奥地利诗选《糖霜下面》(纽约麦利克文化交流出版社,德英对照版)。

奥地利文学在德语文学中一直占有重要地位。如施尼茨勒、里尔克、霍夫曼斯塔尔、卡夫卡、韦菲尔、穆西尔、斯特凡·茨威格,都是德语文学史中不可忽略的名字。从另一方面说,奥地利作家尽管同其他德语作家使用同一种语言,他们的作品仍然因其特色而有别于其他德语文学。五十年代起在奥地利出现一个"维也纳集团",他们利用同义异语反复、维也纳口语和挑衅性题材,推动了先锋派文学运动在德语文学中的发展。这就是这本诗选的背景。

这本诗选充满所谓"黑色幽默"、偶像破坏、对传统和权威的怀疑、对"死亡之谜"的探究,大都具有古怪的讽嘲的格调。本刊选载的几首,自不足以反映奥地利的现代诗的全貌,但多少可以窥见其一斑。例如,恩斯特·凯恩的一首,全文不按传统形式分行,而按一般版面接排和转行,句与句之间也没有标点:这个形式无非表示全诗是一声一口气倾吐出来的叹息。我们尽管不必这样来写诗,却也不妨了解一下这些诗写的些什么,以及怎样写出来的。编译者为这本诗选采用的题名《糖霜下面》(*Under the Icing*),说明他认为,这些奥地利诗人都具有批判的眼光,他们的许多诗都能透过表面的"糖霜",抽汲出生活的苦味。

——《诗刊》,一九八一年第五期,《现代奥地利诗选》

安德烈亚斯·卡尔帕蒂[*]

麝 牛

麝牛怀着最后的希望活了下来。
一阵阵狂风轰过旷野,每个新日子把一场场暴雨投给了世界
但在暴风雨鞭打的土地上正奔跑着那只死心眼的麝牛。
碰上了折倒的树,为热带的季风和热症所摇撼,在哗哗发响
　　的、爬着大蜥蜴的原始森林里。
连这个宙斯臣民都疯狂地拔出了雷霆之剑:麝牛踏过了呼嚎
　　的地狱。
它决不仰视或表示掩护什么。它的外貌决不给我们以
我们正缺乏的温暖。它的毛发和皮革后面也没有温暖。
我爱我日常的围猎,爱我手边猎物的圆舞曲。
但你,麝牛,罪孽和希望,快跑吧,不要死去,快跑吧。

---

[*] 安德烈亚斯·卡尔帕蒂(Andreas Karperti),八十年代民主德国青年诗人。该诗选自《新德意志文学》。

斯特凡·门中[*]

没有明显的变化

> 一座钟楼击碎百步之内的
> 空气；每个肤色相同的人
> 都亮着眼睛，但第一个是
> 黄色，最后一个是绯
> 红色，色调变化那么细微，
> 队排得那么长
> ——豪·路·博尔赫斯

它溜进了我的生命。
但我不知道是什么。它不显眼。当然也
不重要。而且注定受冷落。也许是
我的微笑里那一丝
我也说不清楚的罕见的愣怔。
或者是我胸部的透视图片上
看得见的阴影。或者是我爱把政治家
讲话中的陌生概念抹红的习惯。

---

[*] 作者系八十年代民德青年诗人，该诗选自《新德意志文学》，中译来自《诗刊》一九八五年四月号。

它引不起任何忧虑,这一点使我忧虑。
我的朋友们说,我没有变——
这句话是假的。我知道,有变化,只是
吹毛求疵才能发现。肉眼看不出什么
差别。看不出那么细微的色调变化
那么微茫、那么腼腆、那么缓慢而
持久地增长着的变化程度。
恰如小数点后面的第六位数
也许过去是个8,将要变成一个9。
而且我也许正是小数点后面的
第六位数。渺不足道。注定受冷落。
而且也许现在就变成了这个数。

恩斯特·汉内斯[*]

1982 年的贝鲁特

在巴比伦的水边
他们坐着
哭泣着
黎巴嫩的雪松
给他们
饮着血水

被杀害者的儿子们
杀害着别人
他们高高兴兴地体验着
他们新生儿的
啼哭
他们垂死的牺牲者的
呼吼
打扰不了他们

我恐怖地发现

---

[*] 作者系八十年代民主德国青年诗人,该诗选自《新德意志文学》,中译来自手稿。

曾经被诅咒者的
孩子们
遵守着
他们父母的屠杀者的
法律
被屠杀者的后代
屠杀着别人

谁没听见
前不久被扼杀的
那个人和
今天被扼杀的
这个人的
呻吟
谁
就什么听不见
而且在叫喊
在无情地叫喊
诅咒

在巴比伦的水边
他们坐着
哭泣着
黎巴嫩的雪松
给他们
饮着血水

他们会有

他们被扼杀的父亲们
没有找到的
和平吗?

古杜拉·齐默尔[*]

难画的肖像

事实一清二楚：
经济学博士，二一年出生，同志，讲师，
大学学术委员，善于
社交，革新者，多次获奖，结过婚，有
　孩子。

但是：我不知道，战时的父亲是谁？

无懈可击的发型，衣着洁净而不追逐时尚。
兴趣：邮票，地图册，精美的膳食。
他不玩斯卡特牌，不抽烟，为了防病喝喝
　啤酒，
按时交纳他的什么费，在集会上讲讲话。

我平时不准看电视，否则挨禁闭，
还不得不一百次写美术字：我不敢
引任何人进住宅来，如果父母不在家，

---

[*] 作者系民主德国诗人，该诗选自《新德意志文学》，中译来自手稿。

连霍尔格、佩特拉和贝尔恩德不在也不行。

心爱的演员:吕曼和阿尔贝斯。
音乐嗜好:米雷·马修,维琪·连德罗。
他在自己小房间里工作到深夜。
每两个星期五他倾倒一大堆甜食
到儿童室里。星期天我们到林野去散步。
他穿尼龙衫,我穿着白飘带的贝纶服。

但在早餐桌上他却穿着衬裤坐下来读报,
那时我九岁,我看见母亲青紫色的瘀伤。

他冲洗整个星期用过的器皿,擦亮全家的
鞋子,参加孩子家长会,热爱运动,
有一个秘密的女朋友,一辆秘密的汽车。

当我第一次夜半时分回家,
他却冲我苍白脸子大骂:"破鞋!婊子!"

我妹妹可不老是吻个没有完吗?
打我吧!你是我父亲,你可以打!

我可不老是躲在地窖里吗?
只要你经济上还离不开我……
我难道没有给你讲过千百次……

事实一清二楚:
我并没有虚构我自己。
我不再是我从来不是的样子。

霍斯特·凯米希[*]

她的眼睛的另一种语言
（为克劳斯·英德塔尔作）

是从肌肉
被栽进
千年来
在烈日下
流入
河川的
一个
湖里的
它最温柔的
声音。

---

[*] 霍斯特·凯米希（Horst Keimig），一九三六年十二月生于下弗兰克，后在联邦德国巴伐利亚州的阿沙芬堡（Aschafen Burg）。一九五八年起，在马堡（Marburg）、波恩和法兰克福读大学，学习文学、法语、英语和历史。一九六〇年代任工业咨询机构的教师，并在利希（Lich）和吉森（Giessen）做法语和英语口译。后在化学制药企业的工会任领导职务。一九七四年起，以写作、口译和笔译为生。

创 作

（为约阿希姆·瓦尔伯格作）

奇迹
真理
永远使
最卑微者
从自身
飞升起来。

黑暗的海湾

黑暗的海湾！你睡着了，松开了
四肢。
温暖的波浪迎合着你的豪举。

你的信天翁。我的歌曲，
给你带来梦和白昼，沉重的货物。

一种渴望绷紧巨翅
覆盖着你的港口的整个天顶！

于是不久——明天！——双峰山头
我们的双胞太阳便照亮了
　——我们！

夜间的水井

你有黑色的眼睛。
预示黑暗的、灿烂的光。
哦你的夜多么确实,
我的疑惑多么虚妄。
我在深处见到光,我独自相信。

可见,你独自存在着。

——我给伟大的老人文森特·亚历山大念过

你的怀里歇着我的生命。
可我,它的影子,从白日梦的
大门走上了街,
追踪着陌生的星,它
发源于你,痛苦中的你,并
在城市剧场后面惨叫。

蓝伯蒂教堂旁的水井边
灯火辉煌,黝黑的云团
嗡嗡不绝于耳。那儿
围着一群过路人。
它的微光渗漏着如火如金
从井边到铺石路面,在
惊恐的双脚之间向我滴来。
我听见它在呜咽,便跪下汲引着,

我喊道:滕克里斯,这儿! 他在
 这儿,来吧!
并把它高高抛过了头,
高些,更高些
于是广场和教堂钟楼燃烧起来。

舍宁旧书店的街头书架
立在火焰中。人们
笑着,唱着。他们站成一条胡同
通向水井中央。——为什么你不
跟我一起? 你怎么不来?

水井的柱子!
它们望着我,用你的眼睛! 而我
把脸埋在手中。啊哈——

要是我知道,你就是井! ——
我就不会大喊。——现在
我必须独自从内心盯着你。

你的寂静

在今天午后寂静是
唯一一次笼罩城市的光。

没有渴望
把你吸引来。沉默着
在我的记忆之大开的门窗里

你偎依着我。

敏斯特的十二月

高高的云墙
耕过紫红色的天际,轻如鸿毛般
一群白羚羊跑过了天顶。
树木文字因抑制生长而发黑,
切割着冷光。而树干
如苔藓般发绿,湿漉漉,支撑着
成排林荫道、坟墓、平衡摇晃的
植物拱廊的幻想。

城市抖动着圣诞节的灯火、欧洲
　　支票
和格罗森。高级官员及其
捧场者斜睨着横财
并为学生们盼望一场小雪
上帝踢踢踏踏走过舒适的小胡
　　同。
它们的兄弟姐妹儿女们,唤不
醒他,不令他伤心。

这一切多么近——多么成熟!
不让我们消逝的一切,寄希望于
　　我们的一切,
还没有喷洒它们欢乐的泪水——
只是有时候,有一张抽搐的嘴,

一滩冰冻的血,当眼对眼凝视时。

闪烁壁炉旁的小夜曲

壁炉精灵:你可别胡思乱想!
我:如果你不是她的,我的精灵,
　我们就不值一提了。

今夜多黑,
它
开放得多迟疑——
脸对脸多惊慌
它的醒觉在做梦——

我不需要你身外的我。
没有——对胜利、对逃亡的——
幻想比你更能
使我接近我。

我渐渐明白,他们从远方来。

已经淹死了一道闪电。
必须摆脱一点什么。
而闪电——咳,火星和雪!——
在我们身上开辟了它的道路。

如果你能够——就毁掉我吧。
我不需要你身外的我。

没有——对胜利、对逃亡的——
幻想比你更能
使我接近我。

而整个你,整个我,话语,沉默:
都没理解——我们。
夜!——你的恐惧分给我一点。
你的战栗!这一瞬间!

立　像

一

血与寒冷,
我们经过冶炼的目光,因愤怒
而燃烧。

我的脸曾经从
你的脸落下,我跟着
它倒坍下来。

二

我的头颅还
按照你的足迹咀嚼泥土。

亲　自

由于你的悲痛
你说:"我必须

亲自瞧瞧我
怎样及时赶到。"

是的,甚至在黑暗中,
在被寻觅的光里
我望见,
我觉得是,一次燃烧。

在回忆的闪电里

你那么遥远——

你的形象每夜那么无忧无虑地
　爆炸开来,
以致你能弹奏我从未摸过的
　琴弦,
你瞥了它们一眼。

被记起的问候,七月的脸

蓦地——月亮夫人悄悄
探进了我的窗。

她知道,你最摸不透的沉默
从我身边挤向了她的光。

四道光的涡流!
像飞吻一样互换的电闪!

眼帘
闪电般落下。

两处光伤。
一颗
燃烧的星。

呼　吸

只有你
才能触及
我在你身上
所有急躁
我在你身上
所有忍耐的
底细
从我们身上
升起来一个早晨
比我们的血还年轻
那时才开始全部
爱
单纯得
有如我们
在呼吸。

夜　里

夜夜都亮着在懂得

生命的蓝星和黑树下。
你剧烈的心从汽船马达
的搏动中向我扑来，我才
知道，我们不会让对方久等。
我会觉得那么容易又那么遥远
像永恒的月光
穿过被一阵风如泡沫般
驱向新年的云层。

夜夜富丽堂皇，充满诞生，
充满成长，银舌般，充满对你的
　温柔的回忆。
你的梦歇在我身旁，
如此洁白，如此轻盈——哎
唯愿你就是这样，一如我曾经
以这片月光覆盖过你！

日日夜夜你的脸
仿佛要向我说话
却又一言不发。

桦　树

——今天是桦树节

树种飘荡在大街上，
几乎静立在空中。

那边,在漆黑地平线前面,在
　　杰列斯海姆高地
前面的千年城市东区前面,
我的眼中矗立起
你白色的树干,
每走近一步就显得更高,
向过路人露出
你成长中黏糊糊的伤疤
动也没动一片叶,只是
在上面,在树梢,一道银色闪电
由于星星的贪婪
请求上苍推迟
光的到来。

我祝福你
笨拙而崇敬地。
我称你为你,
你似乎认为,你简直听不见。
你向我呼喊,大声,清晰:
您是谁呀,我根本不认识您!
我——出现回声,您是谁是谁
我根本我根本
我真根本不认识您,
不知道我是不是活着——有没有
什么会保护我们,说吧,说吧
——当你
和三两个朋友
走上前来。

你——是真实的。

就在这里,说再见。
而这对我曾是一次难忘的消遣,夫人,
于是你笑了,真正
开心起来,而我得再大几岁
也许才能懂。

一个微笑——

就像那一个
在你两眼浮现的那一个
它们临近时神采奕奕,不会撒谎。

我曾经把它安放在年年长大的
　　幼杉的尖端,
在一个无梦的无热度的亮地方,
我在那里把强暴、愚蠢的一切哭
　　光,
当你的脸明亮地
在它可能的距离里在我身上
歇下来。

猞　猁

从**我的**种种情欲诞生的
野猫太太你

正围着你思考的头颅徘徊摸索，
就凭着它你也逃不
脱它们爆炸性的广漠，
宇宙间甚至没有一个宪兵司令
会硬碰硬地一下子
驯服你对于空间的饥饿！

哦猞猁！
没有一天不看见一个
试图避开我的眼睛
以**你的**虹膜之草绿色闪电
去守候你的无数太阳的形成——

你怎样激发了我的觉醒！

于蒂斯！你不可捉摸的炽燃着
　　的原型
在我的由于你的狂热而发光的
　　眼里！
还有多少个夜晚我独自醒着
在你的熊熊燃烧的影子旁
在我们的医院里和隔绝的疗养院
　　里
如戈尔韦如柏林如法兰克福日常
　　那样
如我们自己永远待
在我们透明的活动笼子里
充满不曾敢跳的跳跃

充满不曾敢喊的呼喊
以及埋到脖子的希望——

你觉得我应当
穿过这沉默构成的城墙
还望好久望着
你怎样
独自与他们纠缠——你独自一个
几乎跟我没有两样
连同数得着的几个病人包括桃色
　新闻
他们的头脑有太多空间留给了
听起来都像"完蛋！"的信誓
直到它出现在他们的额头。

一个移动赤道所有的这些旋风
犯规地扑向了这温和的纬度
它们果真令你疑惑，是你的呼吸
点燃了我的脸？

那么你为什么回避你的镜子，你
我的情人的脸为什么
以你的不可少的回答
来克制你自己？
我们两人的私房话
　（你这时装作风平浪静）
使我的甲克虫舞蹈起来我的花朵
　绽开

并使情人的笑爆破它们紫色的咽
　喉。

猞猁,别让这古老的
畏缩在陌生门槛的猜疑
别让这最隐秘的断念
无尽地蔓延!
跳吧猞猁! 跳吧,敏捷的猞猁!

利刃的拜会

我看见一群侏儒挖掘
在你额头的清水里。
他们还荡漾
在你的火山似的沉默上。

他们扮演喜剧:
"我是你的幻想产物,你是我
　的。"
都笑了起来。甚至
颇不害羞。是大家——
不是我。

由于你的深沉的庄重。

我不是你的跟踪者。

你甚至就在我的身上。

忠实于我最明澈的目光
你活泼的形象变化着
在我的灵魂的镜中。

在这里面
我不会有危险
丢失你我而错认
弃儿,我惊叹着的生命之
核心。

一　瞥

你多美,
当你走走停停站住时
我在后颈窝感到你的这一瞥,
我将忍受它,
我还不得不忍受它,只是
不是现在,懂吧,
在你向我扔回来的
这最大限度的压力之下——
不适于居住
如同乌托邦进化了的驴子
的好意之不适于无翅的飞龙。

突然,极端意外地——
你的脸活生生的——
我希望我有翅膀,你多美,
现在,我目送你离去,

我不敢转身,一次也不敢
去望你那发泄过的、已经消散但
还有余震的
原始愤怒所造成的自我伤害,
去问你那尚未问过的
把我吸引到你身旁的问题。

我不敢转身——现在,你,翅膀
我希望你
从这圆形剧场底层高高飞起
以我的认识之全部力量
(你一看就知道
属于你),然后
在你的感觉之全部武断中
得到裁决。

旗　帜

这两片嘴唇不靠路边岩块及其太
阳旋转就能构成这样的栅栏吗?
而且谁会在这一声音响之后睡
去,像它没有它就已睡去一样?

是光的音响。它们走了又来,簧
片上一阵战栗,这个家族的旗帜
飘扬在向它问好的万物之上在它
下降时敢于触摸它的事物中间。

玫　瑰

我的午夜的名字叫霍斯特，
我不否认它，
我不在从你到你的逃亡中
恐怖地诅咒它，
面对玫瑰。

阿尔巴斯滕村边
穿过一道篱笆摘到的玫瑰，
我为它把剩余篱笆推倒了——：

红色,带着红色
带着变成痛苦的花瓣，
燃烧在最深沉的寂静里
它同我的脉息交换着它
夜间张开的心罩之
芬芳。

从一片无人之境

你在哪儿？
我开始觉得灵魂陶醉
于你的幸福
　　　　——荷尔德林：日落

我在云层里跟着

你的白色笑容。
那时我听见,我的声音
因你的沉默而破碎。

我还听见呼喊通过
你的沉默从你呼喊出来,
还看见云层随着我的
破碎的笑声飞走。

唉,唯愿我像你一样
远离我,并且睡去,远离
你幻视的悲伤,远离
温暖的雨,雨的黑幕——

一个动物——在跳跃中耗尽了
饥饿的耐力和本能,
被你的手爱抚着
或者在游戏中显露头角。

如果我不是那么真实,我就会
像你一样躲开我——变得虚无
　缥缈,
我就是微风,让你一点
不觉得地拂过你的头发

然后每句话都出自你,
你的口重新获得了我。
我在你的血里奔流——那里
我一直沉到了底。

库尔特·施维特斯[*]

致安娜·布卢姆

哦你,我以 27 种感觉爱着的你,我爱你!
你,是你的,属于你自己,我属于你,你属于我,……我们呢?
看来我们不该待在这里!

你是谁,不起眼的小妞儿,你是的,你是吗?
人们说,你是的。
让他们说去,他们不知道,尖塔是怎么竖着的。

你把帽子戴在脚上,用手走路,
你用手走路。

喂,你的红衣裳,给锯出了白皱纹,
我爱红红的安娜·布卢姆,我爱红红的你。
你,是你的,属于你自己,我属于你,你属于我,……我们呢?

---

[*] 库尔特·施维特斯(Kurt Schwitters,1887—1948),达达主义艺术家。一九九九年绿原应德国汉诺威市政府邀请,为该市举办"2000 世界博览会"汉译德国名诗《致安娜·布卢姆》,并以英语作和诗转译为德语,分别收 zu Klampen 出版社《〈安娜·布卢姆〉154 种译本合集》和 Wallenstein 出版社《〈安娜·布卢姆〉和诗集》(德语版)。

看来我们该待在冷火里!
安娜·布卢姆,红红的安娜·布卢姆,人们怎么说的?

悬而不决的难题:

1)安娜·布卢姆有一只鸟。
2)安娜·布卢姆是红的。
3)那鸟是什么颜色。

蓝色是你的黄发的颜色,
红色是你的绿鸟的颜色,
你着便服的朴素的姑娘,
你可爱的绿色动物,我爱你!
你,是你的,属于你自己,我属于你,你属于我,……我们呢?
看来我们该呆在……火箱里。

安娜·布卢姆,安娜,安…娜…安…!
我滴滴答答地念着你的名字。
你的名字像柔软的牛油直滴。

安娜你可知道,你可知道——
你的名字可以倒着念。
你啊,真是万绿丛中一点红,
可以从前面念你,也可以从后面念你:
安…娜…安…。
牛油像抚摩似的滴在我背上。
安娜·布卢姆,
你这滴滴答答的动物,
我…爱…你!